改訂新版

まるごと授業 算数 **4**年(上)

喜楽研の
QRコードつき授業シリーズ

板書と授業展開が
よくわかる

企画・編集：原田 善造・新川 雄也

わかる喜び学ぶ楽しさを創造する教育研究所　略称 **喜楽研**

はじめに

　「子どもたちが楽しく学習ができた」「子どもたちのわかったという表情が嬉しかった」という声をこれまでにたくさんいただいております。喜楽研の「まるごと授業算数」を日々の授業に役立てていただき誠にありがとうございます。今回は，それを一層使いやすくなるように考え，2024年度新教科書にあわせて「喜楽研のQRコードつき授業シリーズ　改訂新版　板書と授業展開がよくわかる まるごと授業算数 1年～6年」(上下巻計12冊)を発行することにいたしました。

　今回の本書の特徴は，まず，ICTの活用で学習内容を豊かにできるということです。QRコードから各授業で利用できる豊富な資料を簡単にアクセスすることができます。学習意欲を高めたり，理解を深めたりすることに役立つ動画や画像，子どもたちの学習を支援するワークシートや，学習の定着に役立つふりかえりシートも整えております。また，授業準備に役立つ板書用のイラストや図も含まれています。

　次に，本書では，どの子もわかる楽しい授業になることを考えて各単元を構成しています。まず，全学年を通して実体験や手を使った操作活動を取り入れた学習過程を重視しています。子ども一人ひとりが理解できるまで操作活動に取り組み，相互に関わり合うことで，協働的な学びも成り立つと考えます。具体物を使った操作活動は，それを抽象化した図や表に発展します。図や表に表すことで学習内容が目で見えるようになりイメージしやすくなります。また，ゲームやクイズを取り入れた学習活動も満載です。紙芝居を使った授業プランもあります。それらは，子どもたちが楽しく学習に入っていけるように，そして，協働的な学びの中で学習内容が習熟できるような内容になっています。全国の地道に算数の授業づくりをしておられる先生方の情報を参考にしながらまとめ上げた内容になっています。

　学校現場は，長時間勤務と多忙化に加えて，画一的な管理も一層厳しくなっていると聞きます。新型コロナ感染症の流行もありました。デジタル端末を使用することで学び方も大きく影響されてきています。そんな状況にあっても，未来を担う子どもたちのために，楽しくてわかる授業がしたいと，日々奮闘されている先生方がおられます。また，新たに教員になり，子どもたちと楽しい算数の授業をしてともに成長していきたいと願っている先生方もおられます。本書を刊行するにあたり，そのような先生方に敬意の念とエールを送るとともに，楽しくわかる授業を作り出していく参考としてお役に立ち，「楽しくわかる授業」を作り出していく輪が広がっていくことを心から願っています。

2024年3月

本書の特色

すべての単元・すべての授業の指導の流れがわかる

　学習する全単元・全授業の進め方を掲載しています。学級での日々の授業や参観日の授業，研究授業や指導計画作成等の参考にしていただけます。

　各単元の練習問題やテストの時間も必要なため，本書の各単元の授業時数は，教科書より少ない配当時数にしています。

1時間の展開例や板書例を見開き2ページでわかりやすく説明

　実際の板書をイメージできるように，板書例を2色刷りで大きく掲載しています。また，細かい指導の流れについては，3〜4の展開に分けて詳しく説明しています。どのように発問や指示をすればよいかが具体的にわかります。先生方の発問や指示の参考にしてください。

QRコンテンツの利用で，わかりやすく楽しい授業，きれいな板書づくりができる

　各授業展開ページのQRコードに，それぞれの授業で活用できる画像やイラスト，ワークシートなどのQRコンテンツを収録しています。印刷して配布するか，タブレットなどのデジタル端末に配信することで，より楽しくわかりやすい授業づくりをサポートします。画像やイラストは大きく掲示すれば，きれいな板書づくりにも役立ちます。

　ベテラン教師によるポイント解説や教具の紹介なども収録していますので参考にしてください。

ICT活用のアイデアも掲載

　それぞれの授業展開に応じて，電子黒板やデジタル端末などのITC機器の活用例を掲載しています。子ども自身や学校やクラスの実態にあわせてICT活用実践の参考にしてください。

4年（上） 目 次

QR コンテンツについて

授業内容を充実させるコンテンツを多数ご用意しました。右の QR コードを読み取るか下記 URL よりご利用ください。

URL：https://d-kiraku.com/4569/4569index.html
ユーザー名：kirakuken
パスワード：cG8Law

※ 各授業ページの QR コードからも，それぞれの時間で活用できる QR コンテンツを読み取ることができます。
※ 上記 URL は，学習指導要領の次回改訂が実施されるまで有効です。

大きな数（1億をこえる数）

折れ線グラフと表

わり算の筆算（1）

角の大きさ

本書の使い方

◆ **板書例**

時間ごとに表題（めあて）を記載し，1〜4の展開に合わせて，およそ黒板を4つに分けて記載しています。（展開に合わせて**1**〜**4**の番号を振っています）大切な箇所や「まとめ」は赤字や赤の枠を使用しています。ブロック操作など，実際は操作や作業などの活動もわかりやすいように記載しています。

◆ **目標**

1時間の学習を通して，児童に身につけてほしい具体的目標を記載しています。

◆ **POINT**

時間ごとの授業のポイントやコツ，教師が身につけておきたいスキル等を記載しています。

◆ **授業の展開**

① 1時間の授業の中身を3〜4コマの場面に切り分け，およその授業内容を記載しています。

② Tは教師の発問等，Cは児童の発言や反応を記載しています。

③ 枠の中に，教師や児童の顔イラスト，吹き出し，説明図等を使って，授業の進め方をイメージしやすいように記載しています。

第**2**時 **2位数÷1位数＝2位数の筆算（基本のタイプ）**

本時の目標　2位数÷1位数＝2位数の筆算の仕方を考える。

板書例

72÷3の筆算のしかたを考えよう

あめが72こあります。3人で同じ数ずつ分けます。1人分は何こになりますか。

1 式
72 ÷ 3
（こ）（人）

2
72こ

十の位から計算する
7÷3＝2あまり1
（本）（人）（本）　（本）

3
```
    24
 3)72
    6
    12
    12
     0
```

答え 24こ

POINT　半具体物操作をもとに筆算の仕方を考える。「たてる→かける→ひく→おろす」の言葉を唱えながら筆算の練習をします。

1 72個を3人に分けてみましょう

問題文を提示する。
C　式は72÷3です。
T　実際に72個を3人に分けてみましょう。

ブロックを72個と分ける入れ物を用意しましょう

72個だから，十のまとまりを2個と，バラを2個用意しよう

T　どの位から分けますか。」
C　十の位からです。
　実際に分けてみると，十の位からの方がスムーズにできることがわかる。

2 ブロックを分けて，72÷3の答えをみつけよう

T　十の位からブロックを分けていきましょう。
C　10が7本あるので1人2本ずつ分けます。
C　10が1本と1が2個あまります。
T　あまりを3人に分ける方法を考えましょう。
C　10をバラバラにしたら，12個になって分けられます。
C　12個になったから，これを1人4個ずつ分けます。
C　1人分は，24個になります。
C　72÷3＝24だね。

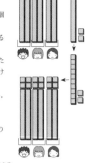

動画「72÷3」が活用できる。

◆ 準備物

　1時間の授業で使用する準備物を記載しています。準備物の数量は，児童の人数やグループ数などでも異なってきますので，確認して準備してください。
　QRは，QRコードから使用できます。

◆ ICT

　各授業案のICT活用例を記載しています。

| 準備物 | ・算数ブロック　　・問題文
・板書カード（「たてる」「かける」「ひく」「おろす」）
QR ふりかえりシート
QR 動画「72÷3」 | ICT | 表計算ソフトでブロック操作できる図を作って共有すると，子どもたち自身で操作しながら筆算の意味を掴める。 | |

4

```
    24
  ┌────
3 )72
   6
  ─────
   12
   12
  ─────
    0
```

① たてる
② かける
③ ひく
④ おろす

⑤ たてる
⑥ かける
⑦ ひく

＜答えのたしかめ＞

24 × 3 = 72

```
   24
 ×  3
 ────
   72
```

まとめ　わり算の筆算はたてる ➡ かける ➡ ひく ➡ おろす ➡ たてる ➡ かける ➡ ひくの順にする

◆ QRコード

　1時間の授業で使用するQRコンテンツを読み取ることができます。
　印刷して配布するか，児童のタブレットなどに配信してご利用ください。
　（QRコンテンツの内容については，本書p8, 9で詳しく紹介しています）

　※ QRコンテンツがない時間には，QRコードは記載されていません。
　※ QRコンテンツを読み取る際には，パスワードが必要です。パスワードは本書p4に記載されています。

---

3 ブロック操作でしたことを，筆算でしてみましょう

① 72÷3 ➡ 3)72

② ```
    2
  3)72
```

③ ```
    2
  3)72
    6
  ───
    1
```

④ ```
    2
  3)72
    6
  ───
   12
```

⑤ ```
   24
  3)72
    6
  ───
   12
   12
  ───
```

① 式を筆算で書く。
② 十の位から分ける。
　1人に2本ずつ分けられる。
③ 全部で10を2×3＝6
　6本分けたので1本残る。
④ 1本をバラバラの10にする。
　2個と合わせて，12個を3人に分ける。
⑤ 1人に4個ずつ分けられる。
　全部で4×3＝12
　12個ぴったりに分けられたので，
　あまりは0個。
　答えは24個。

　再度，教師がブロックを配る操作をしながら，子どもが筆算を書く。もう一度，今度は操作を思い浮かべながら子どもだけで筆算を書く。

4 わり算の筆算を「たてる，かける，ひく，おろす」のリズムでする

Ｔ　今度は，ブロックの操作をしないで，数字だけでやってみましょう。

　「たてる，かける，ひく，おろす」のカードを準備しておき，板書にカードを貼りながら計算をする。

　同じ計算を2～3回すると，計算の仕方を覚えられ，板書を見なくてもできるようになる。

　最後に答えのたしかめ算をする。たしかめは，分けたブロックを見ながら考える。ここでは，24個の3人分だから，24×3＝72　となる。

　学習のまとめをする。

　ふりかえりシートが活用できる。

わり算の筆算　57

QR コンテンツの利用で
楽しい授業・わかる授業ができる

見てわかる・理解が深まる動画や画像

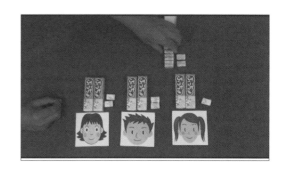

　文章や口頭では説明の難しい内容は，映像を見せることでわかりやすく説明できます。視覚に訴えかけることで，児童の理解を深めると同時に，児童が興味を持って授業に取り組めます。

※ 動画には音声が含まれていないものもあります。

授業のポイント解説や簡単で便利な教具などを紹介

　各学年でポイントとなる単元の解説や簡単に作れる教具を使った授業など，算数のベテラン教師による動画が視聴できます。楽しいだけでなく，どの子も「わかる」授業ができるような工夫が詰め込まれています。

授業で使える「ふりかえりシート」「ワークシート」

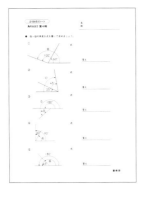  

　　授業の展開で使える「ワークシート」や，授業のまとめや宿題として使える「ふりかえりシート」などを収録しています。

　　クラスの実態や授業内容に応じて，印刷して配布するか，児童のタブレットなどに配信してご利用ください。

板書作りにも役立つ「イラストや図・表」

  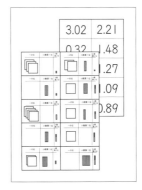

　　イラストや図・表は，黒板上での操作がしやすく，きれいな板書作りに役立ちます。また，児童に配信することで，タブレット上で大きくはっきりと見ることもできます。

※ QR コンテンツを読み取る際には，パスワードが必要です。パスワードは本書 p4 に記載されています。

文章題の解き方　提案

提案者：原田善造

なぜ，かけ算・わり算４マス表が必要になったのか

５年生を担任していたとき，次のような文章題でたくさんの子どもたちが誤答でした。

> 0.6 m が 0.3kg のはり金があります。このはり金１m の重さは何 kg ですか。

0.6 × 0.3 や，0.3 × 0.6 と立式した子どもと，わからないと答えた子どもが約３割，

0.6 ÷ 0.3 と立式した子どもが約５割いました。

なんと８割もの子どもたちが誤答だったのです。

ショックを受けた私は，日夜考え，次のような文章題の解き方を子どもたちに提案しました。

文章題をかけ算・わり算４マス表に整理する

上記の文章題を対応表（かけ算・わり算４マス表）に整理すると，次のようになります。

（※対応表とも名づけたのは，はり金の長さとその重さが対応している表だからです。）

１m あたりの重さ　←　| ？kg | 0.3 kg | →　0.6 m で何 kg になるか
（１あたり量）

必ず１　←　| １m | 0.6 m | →　はり金の長さ（いくら分）

かけ算・わり算４マス表に整理したあと，簡単な整数におきかえて立式を考える

？kg	6kg
１m	3 m

□ × 3 = 6 …かけ算で立式… □ × 0.6 = 0.3

6 ÷ 3 = 2 …わり算で立式… 0.3 ÷ 0.6 = 0.5

？kg	0.3 kg
１m	0.6 m

答え　2kg　　　　　　　答え　0.5kg

「かけ算・わり算4マス表」と「かけ・わり図」で むずかしい文章題の壁を突破しよう

かけ・わり図（かけ算・わり算の図）で量の大きさを！

4マス対応表はとても便利で立式もでき，答えも求められますが，$0.3 \div 0.6 = 0.5$ の量の関係がわかりにくいので，かけ・わり図をかきます。

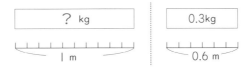

0.6 mで0.3kg ですから，1 mでは，0.3kg より重くなることがわかります。

かけ算・わり算4マス表で整理すると，3つのパターンになる

① **かけ算**

1 mが0.4 kg のはり金があります。

このはり金0.5 mの重さは何kg ですか。

0.4 kg	? kg
1 m	0.5 m

$0.4 \times 0.5 = 0.2$

答え　0.2 kg

② **1 mあたりの重さを求めるわり算**

0.5 mが0.2 kg のはり金があります。

このはり金1 mの重さは何kg ですか。

? kg	0.2 kg
1 m	0.5 m

$\square \times 0.5 = 0.2$
$0.2 \div 0.5 = 0.4$

答え　0.4 kg

③ **はり金の長さ（いくら分）を求めるわり算**

1 mが0.4 kg のはり金があります。

このはり金0.2 kg の長さは何mですか。

0.4 kg	0.2 kg
1 m	? m

$0.4 \times \square = 0.2$
$0.2 \div 0.4 = 0.5$

答え　0.5 m

かけ算・わり算4マス表で整理すると，3つのパターンになる

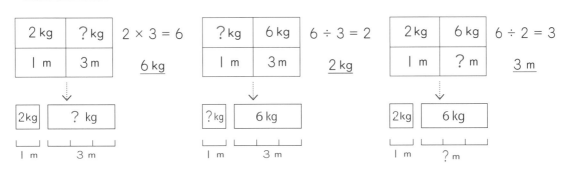

大きな数（1億をこえる数）

◎ 学習にあたって ◎

<この単元で大切にしたいこと>

1年生から，100，1000，1万，1億と区切りをつけながら大きな数を学習してきました。本単元の学習は3年生での1億までの学習を引き継いで，大きな数を扱う最後の単元になります。大きな数に興味を持っている子どもは多いので，関心をもたせながら進めていきます。

億を超える大きな数になっても，これまでと同様に10集まると新しい位になるという十進法の考え方と，数字の位置によって位がわかるという位取りの考え方で，数字が構成されています。そして，十進位取り記数法では，0〜9までの数だけを使って無限に大きい数を表すことができ，空位を表す0を並べるだけでも位が大きくなります。また，命数法（読み方）でも，日本語では4桁区切りの万進法という原理で，どんな大きな数の読みもできる便利さがあります。この仕組みの便利さを感じとることができるように指導しましょう。

しかし一方では，十進位取り記数法や命数法があまりにも便利なだけに，数字だけでは位が1つ上がることを階段を1段上がるぐらいにしか感じられなくなってしまうことがあります。学習の中で数の大きさを感じる場面を取り入れることも重要です。本書では，「1辺が1mmの正方形を1としたときの1兆の大きさ」などから量感も大切にしていきたいと考えています。

十進位取り記数法の便利さと，扱っている大きな数の量感の両方を大切にしましょう。

<数学的見方考え方と操作活動>

3年生までに学習したことを生かして，4年生の学習で便利に使える「位のものさし」を作成します。日常生活では扱わないような大きな数の学習ですから，考えるためには何か手がかりになるものが必要です。「位のものさし」は大きな数の読み書きだけでなく，数の構成や10倍，100倍など，この単元の学習で考えることの手助けになります。また，考え方を人に伝えたり説明するためのツールとしても活用できます。

いつまで「位のものさし」を使うのだろうと心配することはありません。学習が子ども個人の中で深まってくれば，自然と不必要なものとなります。

<個別最適な学び・協働的な学びのために>

普段あまり使うことのない億を超えるような大きな数ですから，子どもたちが関心をもって取り組める素材にすることが必要です。本書では，教科書で扱っているものと重なるものもありますが，各国の人口，各国の二酸化炭素排出量，天体など子どもたちの興味を高めることを考えながら構成しています。もっといい素材を積極的に使われることをお勧めします。

そして，大きな数になっても，これまで学習してきた十進位取り記数法が使えること，兆よりも大きい位が無量大数まであること，0をつけるだけでどんどん大きな数になること，1兆はとてつもなく大きな数であることなど，大きな数を楽しんで学習することが最適な学びにつながります。

知識および技能	億, 兆という新しい単位とその表し方, 読み方, 書き方を知り, 兆の位までの数を正しく読んだり書いたりすることができる。
思考力, 判断力, 表現力等	十進位取り記数法のきまりをもとに, 倍の関係や数の仕組みや計算方法を考えたり, 説明したりする。
主体的に学習に取り組む態度	身のまわりの大きな数に関心をもち, 十進位取り記数法や4桁区切りの万進法によって, どんな大きな整数も表せることに気づき, 大きい数をとらえたり用いたりしようとする。

◎ 指導計画　6 時間 ◎

時	題	目　標
1	「位のものさし」作り	大きな数の学習に役立つ「位のものさし」を作り, 大きな数を学習する意欲をもつことができる。
やってみよう	大きな数の量感	大きい数の十進構造やその大きさを体感して, 位取りの仕組みがわかる。
2	1 億より大きい数	1 億以上の数の仕組み, 読み方, 書き方が理解できる。
3	1 兆より大きい数	1 兆以上の数の仕組み, 読み方, 書き方が理解できる。
4	相対的な大きさと数直線	大きな数の構成を理解し, 大きな数を相対的にみることができる。また, 数直線に表すことができる。
5	10 倍, 100 倍した数, $\frac{1}{10}$ にした数	十進位取り記数法の仕組みを使って, 大きい数を 10 倍, 100 倍, 1000 倍した数や, $\frac{1}{10}$ にした数を表すことができる。
6	大きな数の和差積商	大きな数の加減乗除の計算方法について考える。和差積商の意味を理解する。

「位のものさし」作り

板書例

「位のものさし」を作ろう

1

1	を 10 こ集めたら	10	}	10倍
10	〃	100	}	10倍
100	〃	1000	}	10倍
1000	〃	1万	}	10倍
1万	〃	10万	}	10倍
10万	〃	100万	}	10倍
100万	〃	1000万	}	10倍
1000	〃	1億	}	10倍
1億	〃	10億	}	10倍
10億	〃	100億	}	10倍
100億	〃	1000億	}	10倍
1000億	〃	1兆	}	10倍
1兆	〃	10兆	}	10倍
10兆	〃	100兆	}	10倍
100兆	〃	1000兆	}	10倍

2

1000 億おくが 10 こで 1 兆ちょう

1 | 0000 | 0000 | 0000
兆　　　　億　　　　万

1 兆は 0 が 12 こ

POINT　「大きな数」の学習でのお助けグッズ！「位のものさし」を作ります。これがあれば次時からの学習はばっちりです。学習

1 数は何個集めたら次の位に上がりますか（ふりかえり）

C　10 個集めたら次の位に上がります。

1 を 10 個集めたら 10，
10 を 10 個集めたら 100，
100 を 10 個集めたら 1000

10 倍，10 倍で
位が 1 つずつ
上がっていくね

T　3 年生では 1 億まで学習しましたね。1 億を 10 個集めた数はわかりますか。

C　同じ仕組みでいえば 10 億かな。

C　10 億を 10 個集めたら 100 億。

C　100 億を 10 個集めたら 1000 億。

2 1000 億を 10 個集めた数は，何だか知っていますか

知っているよ。たしか「兆」といいます。
1000 億を 10 個集めたら 1 兆です

兆も 1 兆，10 兆，100 兆
1000 兆というように，
一，十，百，千となると
思うな

T　1 兆を数字で表すと 0 が何個つきますか。

C　1 億で 8 個だから，1 兆になると‥12 個だ。

　億や兆の位については後の時間で詳しく学習する。ここでは，「十進位取り記数法」の学習も兼ね，ひとまず 1000 兆まで扱っておく。

3 位取り表

千	百	十	一	千	百	十	一	千	百	十	一	千	百	十	一
		兆				億				万					

大きな数の学習で使う
〈「位のものさし」を作ろう〉

4 まとめ

・10こ集まると位が1つ上がる
・一,十,百,千がくり返されている

意欲も高まります。

3 一から千兆までの位取り表を自分で書いてみましょう

C こんな表を書いてみたよ。

T よく考えましたね。もっとまとまりがわかるように工夫できませんか。

万, 億, 兆でまとめたらどうかな

こうした方が一,十,百,千の繰り返しになっていることが，とてもよくわかるね

子どもたちが工夫して表を作ることに意味がある。

4 これからの学習で使う「位のものさし」を自分で作ってみましょう

T この表をものさしにします。位のものさしがあれば，これから大きい数を学習するのにとても役立ちますよ。

位のものさしは，5mm 方眼ノートの上に置いて使うので，1ますが 5mm 幅で作り，単位を区切ります。

これからの学習に使うから，間違いなく作りたいね

自分が使うものだし，丁寧に作っておこう

学習のまとめをする。
ふりかえりシートが活用できる。

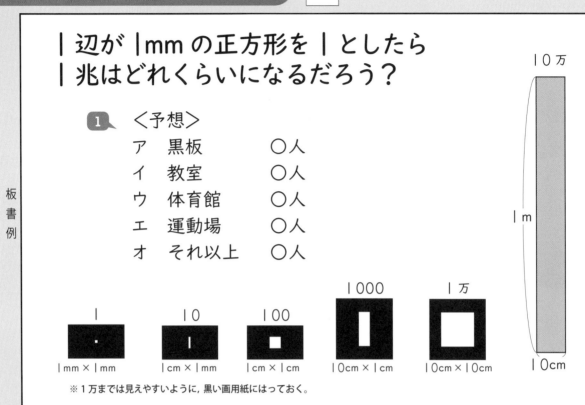

やってみよう
大きな数の量感

本時の目標：大きな数の十進構造やその大きさを体感して，位取りの仕組みがわかる。

POINT「大きな数」を体感して，心に残る算数の授業にしよう。

1 1辺が1mmの正方形を1とすると1兆はどのくらいの大きさか予想しよう

1辺が1mmの正方形を黒の台紙に貼ったものを提示する。

T 10は1の10個分だから，縦1cm横1mm。100は10の10個分だから，縦1cm横1cm。

順をおって100万までの大きさの紙をはる。

C うわー！100万でこんなに大きいのか！

子ども自身で作ってみるのがいいですが，時間的に難しいようであれば教師が作っておく。

2 1億の大きさはどのくらいの大きさになりますか

C （話し合いをして）1辺が10mの正方形になります。教室に入らないね。

T どのくらいの大きさか体育館へ見に行きましょう。

体育館か運動場に1辺が10mの正方形がわかるように印をつけておく。（QRコードで画像を参照）

この後も10億の大きさ，100億の大きさ，1000億の大きさを考えていく。1000億になると1km×100mの大きさになる。

16

準備物
・板書用図
・地区の地図など
QR 画像「100万，1000万，1億」
QR 1億円の授業案と動画

ICT 表計算ソフトで図を作成して子どもたちと共有すると，罫線もあり，視覚的に伝わりやすく，理解につなげやすくなる。

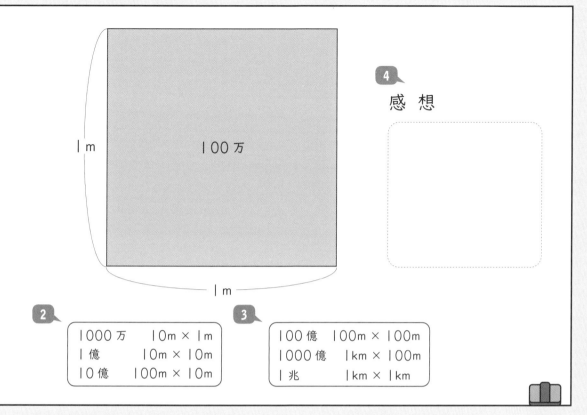

① 1m 1m　100万

④ 感 想

② 1000万　10m × 1m
1億　10m × 10m
10億　100m × 10m

③ 100億　100m × 100m
1000億　1km × 100m
1兆　1km × 1km

3 1兆の大きさはどのくらいの大きさになりますか

C　1000億の10個分だから縦1kmで横1kmだ。
　　1辺が1kmの正方形の大きさってどれくらいだろう？

T　屋上に上がって1兆の大きさを見てみましょう。

　1辺が1kmの正方形は，面積で学習する1km²になる。学校から見た1kmの長さ，1km²の広さを知っておくと便利。屋上に上がれない学校では，学校近辺の地図を使い説明する。

予想していた広さと全然違った

1兆になるとこんなに広くなるとは！想像できなかった

4 1から1兆までの大きさを学習した感想を発表しよう

　もう一度，1から1兆までをふり返り，10ずつで位が上がる十進構造と，その量の大きさの変化を感じ取る。
　学習の感想を書いて発表する。

 10万ぐらいから10倍するごとにぐんぐんと大きくなっていったので驚きです

1はあんなに小さかったのに，1億はもう教室に入らなくなりました。位が1つ上がるだけでこんなにも違うのかとびっくりでした

　時間があれば，1から順に1億までの大きさを子どもたち自身で作る。新聞紙を使って1000万を作り体育館で貼り合わせる。子どもたちにとって一生思い出に残る体験になることは間違いない。学校のどこかに1辺が10mの正方形がすぐにできるよう印をしておくのもいい。

1億より大きい数

板書例

世界の国の人口を書いたり読んだりしよう

1 〈人口の多い国〉

１位中国　　　１４３９３２４３８４　人

千	百	十	一	千	百	十	一	千	百	十	一	千	百	十	一
	兆				億				万						

※板書用「位のものさし」を作っておき，移動させて使う

十四億三千九百三十二万四千三百八十四人

２位インド　　　１３８０００４３８４　人
十三億八千万四千三百八十四　人

３位アメリカ　３３１００４３８４　　人
三億三千百万四千三百八十四　人

2 １１位日本　　一億二千六百十四万六千八百三十九　人
１２６１４６８３９　　人

POINT　社会的なことにも興味関心を持ちながら，大きな数を読んだり書いたりできるようにします。

1 世界でいちばん人口が多い国はどこか知っていますか

C　インドや中国の人口が多いと聞いたことがあります。

T　いちばんは中国で1439324384人です。読んでみましょう。

中国の人口を数字で板書する。

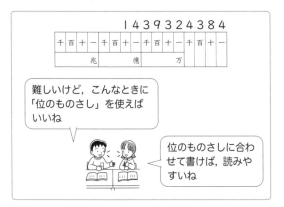

人口の多い国を予想しながら，国名と人口を知らせ一つ一つ丁寧に読む。（中国，インド，アメリカ等）

2 日本や世界全体の人口を数字で書いてみよう

T　日本の人口は11位で，一億二千六百十四万六千八百二十九人です。数字で書きましょう。

日本の人口を漢字で板書する。

C　ここでも「位のものさし」を使うと便利だね。

T　世界の人口も漢字で書きますから，数字で書いてみましょう。

「位のものさし」を使うと，空位も気をつけて書けるようになる。なくてもできる自信がつくまでは，使ってもよいことにする。

18

準備物	・板書用位のものさし QR 位取り表（書き込み用） QR ふりかえりシート

ICT 位取り表シートを子どもたちと共有すると，表を何度も複製して使うことができ，練習問題などで活用しやすくなる。

世界の人口　七十九億五千百二十万　人

７９５１２０００００人

千	百	十	一	千	百	十	一	千	百	十	一	千	百	十	一
		兆				億				万					

3

まとめ　億になっても「一，十，百，千」のくり返しになっている。

4　＜二酸化炭素排出量の多い国＞

①中国　　　９８０９２０００００ t　　　九十八億九百二十万トン

②アメリカ　４７６６４０００００ t　　　四十七億六千六百四十万トン

⑤日本　　　１０６６２０００００ t　　　十億六千六百二十万トン

※資料参照　キッズ外務省　ほか

---

3 大きな数の読み書きをして気がついたことや注意することをまとめよう

一十百千の４桁区切りとなっているので，その区切りで印をつけて万や億をつけると読みやすいです

読まない０や１は，書くときに気をつけないといけません

　位が４桁ごとに，万，億，兆と区切られていることを再確認し，読みやすくするための方法を話し合う。
　学習活動２にあるように○をつけるのも１つの方法。
　下のように，４桁ずつに区切る線を入れるのも良い。

　日本の人口　１|２６１４|６８３９

学習のまとめをする。

4 世界各国の二酸化炭素排出量の数を読んだり，書いたりしてみよう。

T　二酸化炭素排出量がいちばん多い国はどこだと思いますか。

C　人口がいちばん多い中国だと思うな。

そうです。
中国の９８０９２０００００トン

下から４桁ごとに区切って「位のものさし」を使って読んでみよう
98|0920|0000
九十八億九百二十万

T　日本の二酸化炭素排出量は５番目に多くて，十億六千六百二十万トンです。数字で書いてみよう。

　ふりかえりシートが活用できる。

1兆より大きい数

板書例

1兆より大きい数を知ろう

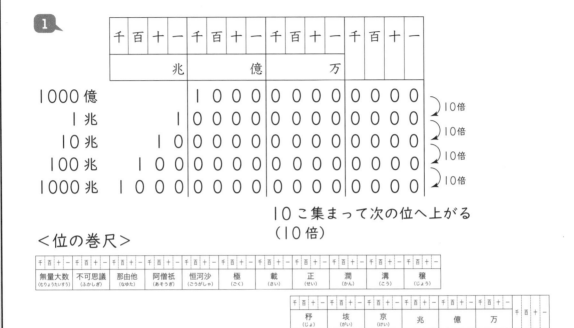

①

	千	百	十	一	千	百	十	一	千	百	十	一	千	百	十	一
		兆				億				万						
1000億					1	0	0	0	0	0	0	0	0	0	0	0
1兆				1	0	0	0	0	0	0	0	0	0	0	0	0
10兆			1	0	0	0	0	0	0	0	0	0	0	0	0	0
100兆		1	0	0	0	0	0	0	0	0	0	0	0	0	0	0
1000兆	1	0	0	0	0	0	0	0	0	0	0	0	0	0	0	0

10倍
10倍
10倍
10倍

10こ集まって次の位へ上がる（10倍）

＜位の巻尺＞

千百十一	千百十一	千百十一	千百十一	千百十一	千百十一	千百十一	千百十一	千百十一	千百十一
無量大数 (むりょうたいすう)	不可思議 (ふかしぎ)	那由他 (なゆた)	阿僧祇 (あそうぎ)	恒河沙 (ごうがしゃ)	極 (ごく)	載 (さい)	正 (せい)	潤 (かん)	溝 (こう)	穣 (じょう)

千百十一	千百十一	千百十一	千百十一	千百十一	千百十一
秭 (じょ)	垓 (がい)	京 (けい)	兆	億	万	千百十一

POINT 「もっと上の位を知りたい」という子どもたちの好奇心を大切にして指導します。

1 1兆から1000兆までの数の大きさを調べよう

T 千億を数字で書きましょう。

「位のものさし」を使ってもよいことにする。

T 次に千億の10倍を書きましょう。
千億の10倍は何ですか。

C 1兆です。

続けて1兆の10倍（10兆），10兆の10倍（100兆），100兆の10倍（1000兆）を表に書き入れる。

位が1つ上がると0が1つ増えるよ

兆になっても，一，十，百，千が繰り返されてる

1000兆になると0が15個もつく

2 千兆より大きい数を知っていますか。位の巻尺を作ってみましょう

C 千兆より大きい位は，京（けい）です。

C いちばん大きいのは，「無量大数」です。

C 「みんなの歌」で聞きました。

T 無量大数までの「位の巻尺」を作って，みんなで読んでみましょう。

QRコードから「位の巻尺」を印刷しておく。

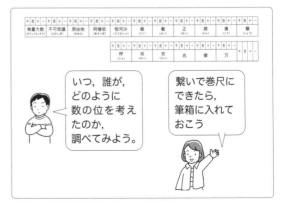

いつ，誰が，どのように数の位を考えたのか，調べてみよう。

繋いで巻尺にできたら，筆箱に入れておこう

3 **＜数を読んでみよう・書いてみよう＞**

① 2021年 日本の輸出額（ゆしゅつがく）

8 3 0 9 1 4 2 0 2 9 3 0 0 0

千	百	十	一	千	百	十	一	千	百	十	一	千	百	十	一
		兆				億				万					

※板書用「位のものさし」を作っておき，移動させて使う

八十三兆九百十四億二千二十九万三千

② 2022年 日本の国の予算

百七兆五千九百六十四億円 ➡ 107 5964 0000 0000 円

③ 光が1年間で進むきょり

9兆4600億 km ➡ 9 4600 0000 0000km

4

まとめ ┃ 兆以上の数も右から4けた区切りにすると読みやすい

---

3 兆の位まである数を読んだり書いたりしましょう

新聞やニュースで兆が使ってあるのを見たことがあるよ

宇宙について書いてある事典を調べたらどうかな

光が1年間で進む距離は9兆kmと書いてあるよ

「日本の国の予算額」「日本の輸出入額」「光が1年間で進む距離」「地球から北極星までの距離」などを調べておく。

学習のまとめをする。

4 3桁区切りの表し方を知ろう

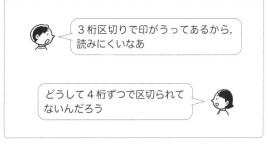

3桁区切りで印がうってあるから，読みにくいなあ

どうして4桁ずつで区切られてないんだろう

他にも，貯金通帳やチラシなどに出ている3桁区切りの数字を提示します。

Ｔ 英語などでは3桁ごとに数の位の読み方がつけられていて，それに習っているのです。

ハンドレッド	テン	ワン	ハンドレッド	テン	ワン	ハンドレッド	テン	ワン	ハンドレッド	テン	ワン	ハンドレッド	テン	ワン
	トリオン			ビリオン			ミリオン			サウザンド				
1	0	0	0	0	0	0	0	0	0	0	0	0	0	0
千	百	十	一	千	百	十	一	千	百	十	一	千	百	十	一
	兆				億				万				

ふりかえりシートが活用できる。

板書例

宇宙の大きい数を調べよう

太陽

1億4960万km

地球

○月　36万3304km

1 ＜地球から太陽のきょり＞

1億4960万km

① 1億と（4960万）を合わせた数
② 1万を（14960）こ集めた数

149600000
↓
14960◯

2 ＜光が1年間に進むきょり＞

9兆4600億km

① 1兆を（9）こと，千億を（4）こと，百億を（6）こを合わせた数
② 1兆を9こと，1億を（4600）こ合わせた数
③ 1億を94600こ集めた数

9 | 4600 | 0000 | 0000
兆　　億　　　万

POINT 天体について知っている知識を引き出し興味を高めながら，大きな数を相対的にみたり，数直線に表したりします。

1 地球から太陽までは何kmぐらいだと思いますか

T　地球から月までは36万3304km だよ。

その倍の70万kmぐらいかな？

正解は1億4960万kmです

ええ～！そんなに遠いんですか！

T　1億4960万という数を調べます。

（　）にあてはまる数を書きましょう。
① 1億4960万は1億と（　）を合わせた数
② 1億4960万は1万を（　）個集めた数

1万から上の位だけ見えるように指で隠すと，1万を何個集めた数かわかります。

1 4960 0000　⇒　1 4960◯

2 光が1年間に進む距離の数も詳しく調べてみましょう

T　光は1秒間に約30万km 進みます。これは地球7周半の距離になります。
C　光は，そんなに速く進むんだね。
T　だから，1年間進むと9兆4600億km にもなります。この数字について調べます。
（　）にあてはまる数を書きましょう。
① 9兆4600億は1兆を（　）個と千億を（　）個と百億を（　）個合わせた数
② 9兆4600億は1兆を9個と1億を（　）個合わせた数
③ 9兆4600億は1億を（　）個集めた数

③の場合は，1億から上の位だけが見えるように指で隠すといいね

9 4600 0000 0000　⇒　94600◯

3 <地球から北極星までのきょり> 430 光年

| 4078 0000 0000 0000 km |　四千七十八兆 km

① 千兆を（4）こと，十兆を（7）こと，一兆を（8）こ合わせた数
② 1兆を（4078）こ集めた数

4 <地球から惑星までのきょりを数直線に表そう>

火星 3億8000万km　水星 2億1000万km　木星 6億3000万km　金星 2億6000万km

まとめ　| どんな大きな数でも，0,1,2,3,4,5,6,7,8,9の 10この数字を使って書き表すことができる。

---

3 地球から北極星までの距離は，なんと 430 光年です

T つまり，みんなが見ている北極星の光は 430 年前の光なのです。

C 光は 1 年間で 9 兆 4600 億 km 進むのでしょう。それが 430 年だから，どれだけ遠いのだろう。

T 地球から北極星までの距離は 4078000000000000 km になります。

C 4 桁に区切って読んでみよう。
　4078 0000 0000 0000 km

4078 兆という数を相対的に表す。

どんな大きな数になっても，使っている数字は何個ですか

0〜9の 10 個の数字の組み合わせでできます

学習のまとめをする。

4 地球から惑星までの距離を数直線に表してみよう

T 惑星には，水星，金星，地球，火星…などがあります。月と太陽も入れておきます。

月 約 36 万 km　　　太陽 約 1 億 5000 万 km
火星 約 3 億 8000 万 km　水星 約 2 億 1000 万 km
木星 約 6 億 3000 万 km
金星 約 2 億 6000 万 km

※木星はいちばん地球に近づいたとき，ほかはいちばん離れたときの距離

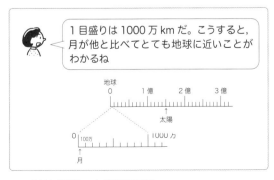
1 目盛りは 1000 万 km だ。こうすると，月が他と比べてとても地球に近いことがわかるね

ふりかえりシートが活用できる。

10倍, 100倍した数, $\frac{1}{10}$にした数

板書例

大きい数を 10倍，100倍や $\frac{1}{10}$ にしよう

1 3億2000万を 10倍，$\frac{1}{10}$ にした数

千	百	十	一	千	百	十	一	千	百	十	一	千	百	十	一
	兆				億				万						

10倍   3 2 0 0 0 0 0 0 0
　　　　3 2 0 0 0 0 0 0 0 0 ⟩10倍 **32億**

$\frac{1}{10}$ 3 2 0 0 0 0 0 0 0
　　　3 2 0 0 0 0 0 0 ⟩$\frac{1}{10}$ **3200万**

2

まとめ
- ・10倍すると位が 1つ上がる。
- ・$\frac{1}{10}$ にすると位が 1つ下がる。

POINT 0を加えたり，消したりすることで，10倍や$\frac{1}{10}$が表せる便利さに気づかせると同時に，「0」1つで量が大きく変わるこ

---

1 3億2000万を 10倍した数と $\frac{1}{10}$ にした数を書いてみよう

C 10倍すると位が 1つ上がるのは，3年生でも習ったね。「0」を 1つつけたらよかったよ。

C 3億は 30億になるけど，2000万は？

C $\frac{1}{10}$ にするのは，10でわるのと同じことだから，位を 1つ下げればいいよね。

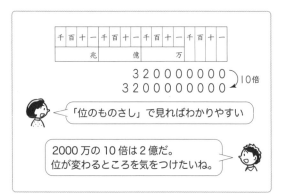

千	百	十	一	千	百	十	一	千	百	十	一	千	百	十	一
	兆				億				万						

　　　3 2 0 0 0 0 0 0 0
　　　3 2 0 0 0 0 0 0 0 0 ⟩10倍

「位のものさし」で見ればわかりやすい

2000万の 10倍は 2億だ。
位が変わるところを気をつけたいね。

C $\frac{1}{10}$ にした数は，一億の位にある 3が，千万の位になるんだね。

2 10倍と $\frac{1}{10}$ をまとめよう

位取り表を使って 10倍した数と，$\frac{1}{10}$ にした数を確かめる。

C 10倍すると位が 1つ上がって，$\frac{1}{10}$ にすると位が 1つ下がります。

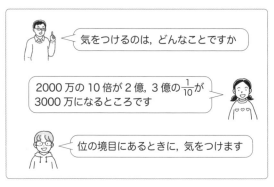

気をつけるのは，どんなことですか

2000万の 10倍が 2億，3億の $\frac{1}{10}$ が 3000万になるところです

位の境目にあるときに，気をつけます

学習のまとめをする。

3 ＜10倍, 100倍, 1000倍, $\frac{1}{10}$ にした数をかこう＞

	10倍	100倍	1000倍	$\frac{1}{10}$
500万	5000万	5億	50億	50万
70億	700億	7000億	7兆	7億
800億	8000億	8兆	80兆	80億

4 ＜1万倍してみよう＞

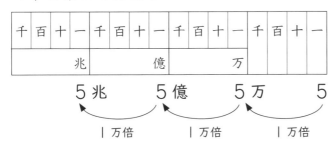

とにもふり返らせましょう。

3 10倍, 100倍, 1000倍した数と $\frac{1}{10}$ にした数を書いてみよう

100倍というのは, 10倍の10倍だから位が2つ上がるよ

じゃあ, 1000倍というのは, 10倍の10倍の10倍だから, 位が3つ上がるわけだ

「位のものさし」を使うと意味もわかり, できるようになる。

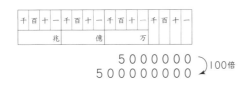

練習問題　①500万　②70億　③800億

4 5を1万倍した数を書いてみよう

C　1000倍が, 10倍の10倍の10倍で位が3つ上がったから, 1万倍はさらに位が1つ上がるね。10倍の10倍の10倍の10倍だ。

5の1万倍は0を4つ付けて50000(5万)です

5万の1万倍はどうですか

位が4つ上がって5億です

5億の1万倍は5兆です

数は十進法で構成され, 日本の数の読み方は4桁ずつの万進法になっている。

ふりかえりシートが活用できる。

大きい数の和差積商

板書例

大きな数の計算をしよう

1 <たし算>

⑦　600000000 + 1700000000
　　　= 2300000000

⑦　6億 + 17億 = 23億

<ひき算>

⑦　13億 - 4億 = 9億

⑦　101兆 - 98兆 = 3兆

位をそろえる

たし算の答え…**和**（わ）

ひき算の答え…**差**（さ）

2 <かけ算>

```
㋕      2 8 4
     ×  3 5 6
     ─────────
      1 7 0 4  …284×6
    1 4 2 0    …284×50
    8 5 2      …284×300
    ─────────
  1 0 1 1 0 4
```

```
㋖      5 6 7
     ×  4 8 3
     ─────────
      1 7 0 1
    4 5 3 6
  2 2 6 8
  ─────────
  2 7 3 8 6 1
```

⑦　684 × 703

0 の計算を省く

```
       6 8 4
     × 7 0 3
     ─────────
     2 0 5 2
     0 0 0
   4 7 8 8
   ─────────
   4 8 0 8 5 2
```

➡

```
       6 8 4
     × 7 0 3
     ─────────
     2 0 5 2
   4 7 8 8
   ─────────
   4 8 0 8 5 2
```

かけ算の答え… **積**（せき）

POINT 大きな数になっても計算の基本的なルールに沿ってすれば，これまでと同じよう計算できるとわかることが大切です。

---

1 大きな数のたし算とひき算をしよう

⑦　600000000 + 1700000000　　⑦ 6億 + 17億

⑦も6億 + 17億だ。それなら，⑦で計算した方が簡単だね

6 + 17 = 23 答えは23億だね

⑦　13億 - 4億　　⑦　101兆 - 98兆

T　たし算やひき算の計算で大切なことは何ですか。

C　位をそろえて計算することです。

　　たし算の答えを「和」，ひき算の答えを「差」ということを説明する。

2 ㋕ **284 × 356 の筆算の方法を考えよう**

　3年生で学習したこと（×2位数の筆算）を生かして，「×3位数」の計算方法を子どもたちの話し合いで見つけられるようにする。

まず，284×6をします。
次に，284×5をします。
ここまでは，3年生で学習しました。
それから，百の位の3も同じように，
284×3の答えを書いて，
最後にたし算をしてでき上がり。
書く位を間違えないようにしよう

㋖，⑦の計算もする。

㋘

3
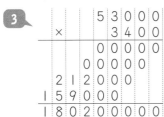

便利な方法

```
      5 3 0 0 0
  ×   3 4 0 0
      2 1 2
  1 5 9
  1 8 0 2 0 0 0 0 0
```

$$53000 \times 3400 = (53 \times 1000) \times (34 \times 100)$$
$$= (53 \times 34) \times (1000 \times 100)$$

4

＜わり算＞

㋚　40万 ÷ 2 ＝ 20万

㋛　60億 ÷ 3 ＝ 20億

まとめ

大きな数になっても，これまでと同じように計算できる。

わり算の答え… 商（しょう）

---

3 ㋘ 53000 × 3400 の計算を簡単にする方法を考えよう

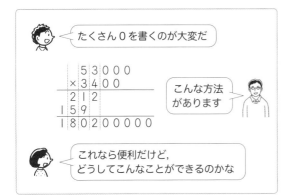

53000 × 3400 ＝（53 × 1000）×（34 × 100）と考えて，53 × 34 ×（1000 × 100）とし，53 × 34 の答えに 0 を 5 つ付け足すと説明する。

便利さを伝えるが，子どもたちの理解度を尊重して進めたい。

かけ算の答えを「積」ということを説明する。

---

4 わり算　㋚ 40万 ÷ 2　㋛ 60億 ÷ 3 の計算もしてみよう

わり算の筆算は未習なので，万や億の位を単位として，暗算でできる程度の計算に留める。

わり算の答えを「商」ということを説明する。

＜なぜ和差積商というのか＞

和　人の和は，気持ちを合わせること。和には「合わせる，一緒にする」という意味がある。

差　ひき算の意味の 1 つに，違いを求めるひき算がある。違いを求めるときに差し引きをするから。

積　かけ算は積もり積もるイメージ。同じものが積み重なっているときに，かけ算を使って求めるから。

商　わり算の答えを商という理由は諸説ある。その 1 つに「商売をするときに，測って分けて入れたものを売ったから」という説がある。

学習のまとめをする。

ふりかえりシートが活用できる。

ねらい

作業を通して数の十進構造と1億の数の大きさを実感する。

第1時の後の「やってみよう」の別案で、QRコードから開けます。
・1億円をつくる動画もあります。

作業の手順

① 班に、それぞれ1000万円を超えると思われる適当な量の印刷したおもちゃの1万円札を配ります。

② 10万円を10束という数え方で100万円を作ります。

③ 100万円になったら、白のテープでとめます。とめた方も数えます。

④ 100万円が10でとめて1000万円になったら、ピンク色のテープでとめます。できたら前に持って来て並べていき、いくらできたのかを黒板に書いていきます。

⑤ 100万円や1000万円の束と、他の量と合わせて100万円。はした。加出たら、100万円にならない、はしたお札と合わせて100万円、1000万円にします。

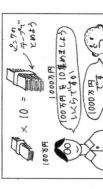

準備物

1万円札とする紙1万枚と、それをとめる紙テープ(2色)とセロハンテープを用意します。
この学習活動のためには、A4用紙で2000枚程度が必要です。また、印刷、裁断する結構な量にもなります。しかし、毎年この単元の学習で使うとすれば、決して無駄なことではありません。

1億円を作った感想を書こう

感想の中で特に大切にしたいことは

① 10集まることで位が上がること。

② 1000万を10集めると1億になること。

③ 10集めて(10倍)、10集めて(10倍)にしていくと量が思った以上に大きくなること。

などです。

整数の十進構造にかかわることが重要です。

1億円は教室の廊下に掲示します。
「1000万、1億円ってこんなんだ」と通りがかった上級生や先生方、そして参観日で学校に来られた保護者のみなさんも興味津々です。

第2時　位取り表

● 位取り表を印刷しておくと便利です。

千	百	十	一	千	百	十	一	千	百	十	一	千	百	十	一
		兆				億				万					

第3時　位の巻尺

名
前

● 位の巻尺を作りましょう。

のりしろ	千	百	十	一	千	百	十	一	千	百	十	一	千	百	十	一
			兆				億				万					

のりしろ	千	百	十	一	千	百	十	一	千	百	十	一	千	百	十	一
			穣 (じょう)				秭 (じょ)				垓 (がい)				京 (けい)	

のりしろ	千	百	十	一	千	百	十	一	千	百	十	一	千	百	十	一
			載 (さい)				正 (せい)				澗 (かん)				溝 (こう)	

のりしろ	千	百	十	一	千	百	十	一	千	百	十	一	千	百	十	一
		那由多 (なゆた)			阿僧祇 (あそうぎ)				恒河沙 (こうがしゃ)						極 (ごく)	

千	百	十	一	千	百	十	一
	無量大数 (むりょうたいすう)				不可思議 (ふかしぎ)		

折れ線グラフと表

◎ 学習にあたって ◎

<この単元で大切にしたいこと>

　3年生で学習した棒グラフは，比較したい量の大小の違いがわかりやすいグラフです。それに対して折れ線グラフは，変化の状態をつかむのに適したグラフです。横軸は主に時間の経過を表し，それに伴って変化するもう一方の量を縦軸に表します。その両方の量の交点をとって，直線で結んだのが折れ線グラフです。2つの量の変化を表す意味では，折れ線グラフは関数的な見方，考え方の基礎となるものです。

　折れ線グラフを読み取るとき，一方の量が増加するときのもう一方の量の増減の様子を捉えて，2つの変化する量の関係を理解していきます。線の傾きに目を向けるなどを学ぶことは，自然や社会事象を捉える力につながりますし，グラフを読み取って自分の考えや判断の根拠としようとする大切な学習です。

　折れ線グラフに表す活動では，ふさわしいデータを収集し，縦軸と横軸に表す事項を決め，目盛りの取り方を考えることをします。量の変化をグラフに表すための基本事項で，正比例のグラフや円グラフ，帯グラフにつながる学習でもあります。データをグラフ化する学習として大切に指導しましょう。

　資料の整理では，データを2つの観点から見た表（2次元表）に落ちや重なりがないように整理し，その表から特徴などを読み取ることで，問題解決につなげていくことが大切です。

<数学的見方考え方と操作活動>

　折れ線グラフを読み取る活動では，折れ線グラフの特徴と用い方を理解し，基本的な事項を読み取った上で，そこから事象を考察します。折れ線グラフに表す活動では，より効果的に表せるようにするためにはどうすればよいかを考え，波線を使って途中を省略したグラフにかき直す学習をします。

　本書の「やってみよう」で紹介している「身近なことを折れ線グラフに表そう」は，数学的な見方・考え方を育てる総合的な活動になります。学習してきたことを生かし，身のまわりから折れ線グラフに表すのにふさわしいテーマを選び，データを収集し，折れ線グラフを含んだポスターを作成する活動です。縦軸，横軸の目盛りの取り方や1目盛りの大きさを考えたグラフ用紙を準備して作成します。そして作成した折れ線グラフから考察し，これからの生活に生かして行こうとする活動は，数学的な見方・考え方だけでなく，学びに向かう意欲関心を高めるものでもあります。

<個別最適な学び・協働的な学びのために>

　折れ線グラフの基本的な読み取りから，自然や社会的な事象を考察してみることが大切です。個人の考えを出し，話し合います。また，そのグラフだけで言い切れるかどうかと言う視点を持って話し合うことも必要です。

　折れ線グラフに表す活動では，目盛りの取り方や1目盛りの大きさが，データを表すのにふさわしいのかを話し合います。目的に沿った適切なグラフに表す学習は，これからのデータを扱う力にもつながります。

　本単元の学習は，将来的にはグラフを含む情報から，正しく自分の考えを持ったり，判断したりするための素地になるものです。

◎ 評 価 ◎

知識および技能	折れ線グラフは数量の変化をわかりやすく表していることを知り，読み取り方やかき方を理解することができる。 資料を落ちや重なりがないように調べ，2つの観点から分類・整理した表に表す方法を理解し，表を作成したり読み取ったりすることができる。
思考力，判断力，表現力等	折れ線グラフや分類・整理した表から，資料の特徴や傾向を読み取り，表現することができる。
主体的に学習に取り組む態度	資料を折れ線グラフや表に表すことのよさがわかり，進んで読み取ったり作成したりして学習や生活に生かそうとする。

◎ 指導計画　8 時間 ◎

時	題	目　標
1	折れ線グラフの特徴	変化がよくわかるなどの，折れ線グラフの特徴を理解する。
2	折れ線グラフの読み取り	折れ線グラフの点の数値や折れ線の傾きから，事象を読み取ることができる。
3	折れ線グラフのかき方	折れ線グラフのかき方を理解し，折れ線グラフをかくことができる。
4	省略のある折れ線グラフ	波線を使って省略した折れ線グラフの良さがわかり，それを使って表すこともできる。
5	組み合わせたグラフ	折れ線グラフと棒グラフを組み合わせたグラフを読み取り，その良さがわかる。
やってみよう	テーマを選んで折れ線グラフに	身の回りから折れ線グラフに表すのがふさわしいテーマを選び，作成して発表することができる。
6	記録の整理	学校でのけがを減らすための考察に必要な観点を考えて，表にまとめることができる。
7	二次元表の作成	2つの観点で二次元表に整理することができ，それからわかることを発表する。
8	4つに分類した二次元表	2つの観点から4つに分類した二次元表に整理して表す方法や，読み取り方を理解する。

折れ線グラフの特徴

板書例

月別気温をグラフにしよう

1　熊谷市の月別気温

月	1	2	3	4	5	6	7	8	9	10	11	12
気温(度)	4	5	8	14	18	22	25	27	23	17	11	6

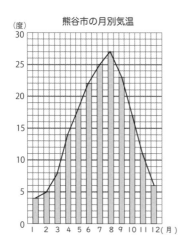

熊谷市の月別気温

2　ぼうグラフ

気温の上がり下がりが
もっとよくわかるように

3　ぼうのいちばん上に点
点を線でつなぐ

折れ線グラフ

たてじく　気温
横　じく　月

POINT　棒グラフから折れ線グラフへの変身で，変化の様子がすっきりわかりやすくなったと感じられるようにします。

1　熊谷市の月別気温を棒グラフに表してみよう

ワークシート①で学習できる。

T　夏に「日本一気温が高い」ことでよくニュースに登場する埼玉県熊谷市の月別気温を表にしました。いちばん気温が上がっているのは何月から何月ですか。また，いちばん気温が下がっているのは何月から何月でしょう。

表からだと，ひき算をして調べないとわからない

数字だけではわかりにくい

グラフに表したらわかりやすいかも

2　棒グラフにして，気がついたことを発表しよう

C　冬の気温と夏の気温の違いがよくわかる。
C　夏に向けてずんずん気温が上がり，9月から気温が下がっているのがわかる。
T　そういった気温の上がり下がりの変化は，棒グラフのどこを見ていますか。
C　気温を表している棒のいちばん上です。

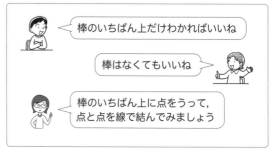

棒のいちばん上だけわかればいいね

棒はなくてもいいね

棒のいちばん上に点をうって，点と点を線で結んでみましょう

最初は教師がやって見せ，続きは子どもがする。

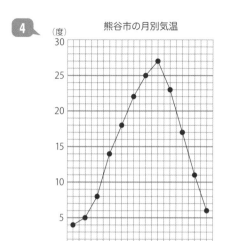

熊谷市の月別気温

折れ線グラフ

たてじく　気温　｜めもり｜度

たてと横の線が交わったところに
点をとる

↓

線でつなぐ

まとめ　折れ線グラフ・・（気温）の変化がよくわかる

3 折れ線グラフと棒グラフを比べてみよう

T　棒を消して，点と線だけにしました。このようなグラフを折れ線グラフといいます。

棒がないからすっきりしたグラフになった

線の傾きが急なところとそうでないところがある

棒グラフは縦の線と線の間に棒があったけれど，折れ線グラフの点は縦の線の上だ

　縦軸は「気温」を，横軸は「月」を表していることを確認する。
　棒グラフは各項目の大きさを棒で表しているから，各項目は独立している。折れ線グラフの横軸の場合は，必ず連続した時間などを表しているから，各項目がそれぞれ変化を表すものとしてつながる。

4 折れ線グラフを詳しくみてみましょう

　ワークシート②を使用する。

T　縦軸の1めもりは何度を表していますか。
C　1度です。（折れ線グラフを完成しよう）
T　気温が上がっているのは何月から何月ですか。
C　1月から8月です。線の傾きで，上がり下がりが良く分かります。

点を線でつないであるのはなぜだと思いますか

1月，2月，3月と続いているから

線でつなぐと線の傾きで変化の様子がよくわかるから

学習のまとめをする。
ふりかえりシートが活用できる。

折れ線グラフの読み取り

板書例

折れ線グラフから読みとろう

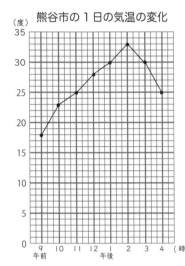

熊谷市の1日の気温の変化

1

① 午前10時の気温　　　23度
② いちばん気温が低い　　午前9時の18度
③ いちばん気温が高い　　午後2時の33度
④ 25度は，何時と何時　午前11時と午後4時

2 気温の上がり方がいちばん大きいのは

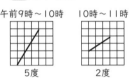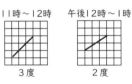

午前9時～10時　　10時～11時　　11時～12時　　午後12時～1時　　1時～2時
　　5度　　　　　　2度　　　　　　3度　　　　　　2度　　　　　　3度

・午前9時～10時がいちばん大きい
　　線のかたむきもいちばん急

・同じかたむき　午前10時～11時と午後12時～1時
　　　　　　　　午前11時～12時と午後1時～2時

POINT 折れ線グラフの全体を見て比べるのではなく，部分を切り取ったものを並べてみると，傾きが比べやすくなります。

1 1日の気温の変化を表した折れ線グラフから読み取ろう

ワークシート①で学習する。

---

① 午前10時の気温は何度ですか。

② いちばん気温が低いのは，何時で何度ですか。

③ いちばん気温が高いのは，何時で何度ですか。

④ 気温が25度なのは，何時と何時ですか。

C　縦軸が気温で，横軸は今度は時間だね。

C　気温の1めもりは1度だよ。

C　縦から横，横から縦というふうに見たらいいね。

　まずは，①のように1つのことを問う問題から入り，②〜④のように2つのことを問う問題へと進める。①〜④の問いは，折れ線グラフの読み取りの基礎となる。

2 気温が上がっているのは何時から何時までですか

C　午前9時から午後2時までです。

T　気温の上がり方がいちばん大きいのは何時から何時で，何度上がっているか，黒板の図を見て調べましょう。

　板書のように，折れ線グラフから時間ごとに線を切り取って並べ，線の傾きに目が向くようにしたい。

いちばん大きく上がっているのは午前9時から10時で5度上がっている。線の傾きがいちばん急です

変化の大きさと線の傾きとは関係がありそうだね

午前10時から11時と，午後12時から1時は同じように2度上がっている。線の傾きも同じだね

3

気温の下がり方がいちばん大きいのは

2時～3時

3時～4時

3度　　　5度

・3時～4時がいちばん大きい

・線のかたむきでわかる

変化なし

まとめ

線のかたむきぐあいで
変わり方の大きさがわかる

4

お湯をわかす時間と温度

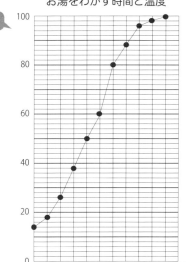

1めもりは2度
① 26℃
② 7分から8分
③ 5分から6分

---

3 気温が下がっているのは何時から
何時までですか

C 午後2時から，午後4時までです。

T 気温の下がり方がいちばん大きいのは何時
から何時までで，何度下がっていますか。

午後3時から4時で，
5度下がっている。
ほかの線に比べて
傾きが急だね

変化が少ない
ときは，傾きが
緩やかになるみ
たいだね

気温の変化なしの場合は線
は横にまっすぐになるね

　線の傾き具合で変化の大きさを捉えることができるように
なる。

4 お湯を沸かしたときのお湯の変化を
折れ線グラフから読み取ろう

　ワークシート②で学習する。

① 沸かし始めて2分のお湯の温度は何度ですか。

② お湯の温度が90度を超えたのは何分から何分
の間ですか。

③ お湯の温度の上がり方がいちばん大きいのは，
何分から何分の間ですか。

縦軸がお湯の温度で横軸が時間だ

10めもりで20度だから，
1めもり2度だ

　1めもりの大きさの違いは棒グラフで既習内容だが，折れ
線グラフでも再度学習しておく。

　学習のまとめをする。

　ふりかえりシートが活用できる。

第❸時 折れ線グラフのかき方

本時の目標：折れ線グラフのかき方を理解し，折れ線グラフをかくことができる。

板書例

折れ線グラフがかけるようになろう

1

ケープタウンの月別気温

月	1	2	3	4	5	6	7	8	9	10	11	12
気温(度)	22	22	21	17	16	13	12	12	13	17	19	22

大阪の月別気温

月	1	2	3	4	5	6	7	8	9	10	11	12
気温(度)	6	6	9	15	20	24	27	29	25	19	14	9

2

折れ線グラフのかき方

1　グラフ用紙の準備

2　たてじくと横じく

　　たてじく…気温を 0 から順に
　　　　　　　単位は（度）
　　　　　　　いちばん大きな数
　　　　　　　が表せるように

　　横じく……月別平均気温なら
　　　　　　　1 ～ 12
　　　　　　　単位　（月）

3　グラフに点をとって線で結ぶ

4　表題を書く

POINT　折れ線グラフをかく学習は個別の学習時間が長くなるので，机間指導をしたり，ペアで確かめあう機会をつくったりしなが

1　折れ線グラフをかく準備をしよう

　世界地図を使って南アフリカのケープタウンの紹介をする。ケープタウンの月別気温を提示し，グラフ用紙（ワークシート）を配布する。

T　これを折れ線グラフに表します。点をうつ前にしておくことは何ですか。

　縦軸は気温です。0度から5度間隔で目盛りを書きます。単位の（度）も書きます

　横軸には，1月から12月までの月を書きます

　縦軸の気温は，ケープタウンだけを考えると25度まで表せられればよいが，同じ用紙で大阪市の気温も表すので，1目盛り1度で30度まで表せるようにする。

2　気温を表す点をうってみよう

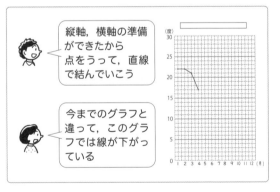

　縦軸，横軸の準備ができたから点をうって，直線で結んでいこう

　今までのグラフと違って，このグラフでは線が下がっている

　はじめのうちは，点をうつごとに直線をひき，変化の様子を確かめながら進めると間違いが少ない。慣れてきたら，点をまとめてうって線をひくようにする。

36

3 ケープタウンと大阪の月別気温

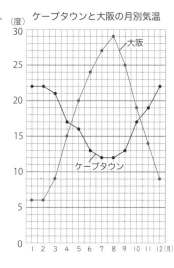

4

- ・大阪の折れ線は山の形，ケープタウンは谷の形
  大阪とケープタウンでは季節が反対

- ・大阪で気温が上がっているとき，ケープタウンは
  下がっている。

- ・大阪の方が気温の差が大きい。

- ・大阪は山の形がけわしいので，季節がはっきりし
  ている。ケープタウンは，大阪に比べると変化が
  なだらか。

まとめ 2つの折れ線グラフを合わせてかくと変わり方のちがいがよくわかる。

ら，進めるようにしましょう。

3 同じグラフ用紙に，大阪市の月別気温をかいてみよう

C 色分けしてかいたらどうかな？

T 点や直線の色や形を変えると，2つのグラフが区別しやすくなります。大阪は，赤色でかきましょう。

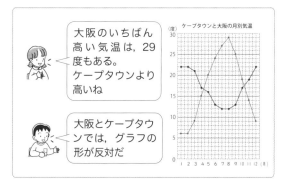

大阪のいちばん高い気温は，29度もある。ケープタウンより高いね

大阪とケープタウンでは，グラフの形が反対だ

表題も忘れずに書くようする。グラフが完成したら，友だちと確認しあう。

4 2つの都市の折れ線グラフを比べて気がついたことを発表しよう

クラス全体で自由に意見を交流する。

- ・大阪の折れ線は山のような形だけど，ケープタウン
  は谷のような形です。
- ・日本と南アフリカでは季節が反対だと思います。
- ・大阪の山は険しい感じだけど，ケープタウンの谷は
  大阪に比べるとなだらかな感じです。
- ・大阪はいちばん高いときと低いときの差が大きい。
- ・ケープタウンの気候の方が過ごしやすそう。
- ・日本は季節がはっきりしてるというのは，気温の差
  が大きいからだと思います。
- ・2つの都市の気温の変化の違いがよくわかった。

学習のまとめをする。

ふりかえりシートが活用できる。

折れ線グラフの工夫

板書例

変化がわかりやすいグラフにしよう

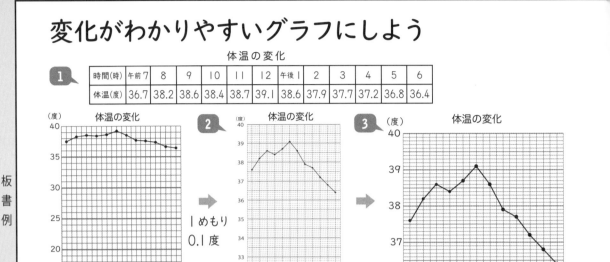

体温の変化

時間(時)	午前7	8	9	10	11	12	午後1	2	3	4	5	6
体温(度)	36.7	38.2	38.6	38.4	38.7	39.1	38.6	37.9	37.7	37.2	36.8	36.4

2 1めもり 0.1度

3 必要でないところを省略する

POINT 〜〜 を使っていないグラフと，使ったグラフを対比することで，〜〜 の便利さが一目瞭然です。

1 表と折れ線グラフを見て，気づいたことを話し合おう

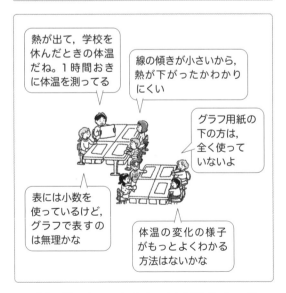

熱が出て，学校を休んだときの体温だね。1時間おきに体温を測ってる

線の傾きが小さいから，熱が下がったかわかりにくい

グラフ用紙の下の方は，全く使っていないよ

表には小数を使っているけど，グラフで表すのは無理かな

体温の変化の様子がもっとよくわかる方法はないかな

変化の様子がもっとよくわかるような折れ線グラフがいいという気持ちを高める。

2 変化がわかりやすいグラフに変身させよう

T 右のグラフを見てください。縦軸の1目盛りを0.1度にしたグラフです。
C 長いグラフだなあ。変化はわかりやすくなったけど，上下に長過ぎだよ。
C 36度より下は使わないよね。使わない部分が広すぎるね。
C 必要ないところをなくすことはできないかな。
T 使わない部分を省略する方法があります。
C それを教えてください。

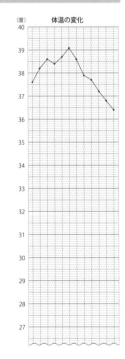

体温の変化

まとめ 不必要なめもりを〰を使って省略したグラフにすると変化がよくわかるスッキリしたグラフになる

4

自分の
1年～4年の身長の変化を
折れ線グラフに表そう

学年(年)	1	2	3	4
身長(cm)				

(cm)　　　　身長の変化

0　　1　2　3　4 (年)

---

3 一部分を省略することで変化がよく分かるグラフをよく見てみよう

ワークシート①で学習する。

縦軸が体温で，横軸が時間というのは同じだ

縦軸の1目盛りは0.1度だ

必要な目盛りは36度から40度だから，0度から36度までは必要ない

必要でない0度から36度までのところを〰を使って省略している

C 必要なところだけ表すと，変化がよくわかる。

C 無駄なところがないから，スッキリしている。

学習のまとめをする。

4 小1から小4までの自分の身長の変化をグラフに表してみよう

ワークシート②で学習する。
各自の身長の記録を調べておく。

横軸は，1年から4年までの学年，縦軸は身長。単位はcmで小数ではないね

私の場合，116cmから150cmまで表せるようにして，100cmから下を〰を使って省略しよう

子どもによって数値に違いがあるが，どの子にも適用できるグラフ用紙を用意しておく。グラフが適切にかけているか確認する。

ふりかえりシートが活用できる。

板書例

組み合わせたグラフを読みとろう

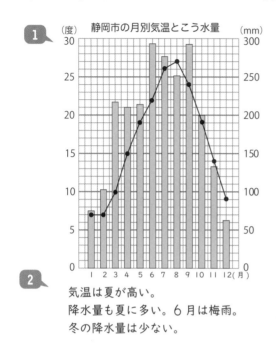

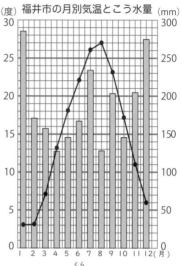

1

2

気温は夏が高い。
降水量も夏に多い。6月は梅雨。
冬の降水量は少ない。

気温は静岡に比べて冬が低い。
降水量は1月，12月に多い。
雪がふるから。

POINT　2つのグラフの情報を関連づけて読み取ります。知識や経験を生かして推測し，自由に意見交換ができるようにします。

1　折れ線グラフと棒グラフを合わせたグラフを読みとろう

ワークシート①で学習する。

折れ線グラフと棒グラフは，それぞれ何を表していると思いますか

折れ線グラフが「気温」で棒グラフが「降水量」だと思う

縦軸の左右に目盛りがあるね

左側は「気温」，右側は「降水量」の目盛りだね

気温と降水量の1目盛りの数値を確認し，それぞれの目盛りを読み取る学習をする。

2　静岡市と福井市の月別気温と降水量についてグラフからわかることを話し合おう

T　グラフから，わかったことや考えたことを出し合いましょう。

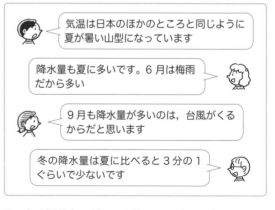

気温は日本のほかのところと同じように夏が暑い山型になっています

降水量も夏に多いです。6月は梅雨だから多い

9月も降水量が多いのは，台風がくるからだと思います

冬の降水量は夏に比べると3分の1ぐらいで少ないです

T　次の福井市のグラフと比べてみましょう。

C　降水量の多い月が違います。

C　1月12月は，雪が降って多いんだと思います。

静岡と福井の天候の違いを自由に話し合う。
グラフを比較して見ることで学びが深まる。

＜組み合わせたグラフを読み取ろう＞

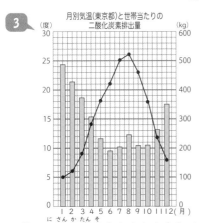

月別気温(東京都)と世帯当たりの
二酸化炭素排出量

・冬に二酸化炭素をたくさん出している。
　（だんぼう　　お湯をわかす）
・8月も少し増える。（れいぼう）

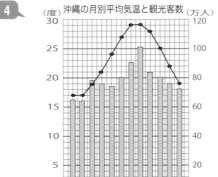

沖縄の月別平均気温と観光客数

・沖縄の気温は他とくらべて高い。
・8月には観光客数が100万人をこえる。
・3月もあたたかいので多い。

まとめ　組み合わせたグラフでは，2つのことを関連付けて
考えることができる。

3　気温と二酸化炭素排出量の関係のグラフ見て話し合おう

ワークシート②で学習する。

「世帯あたり二酸化炭素排出量」については若干の説明が必要。暖房器具，電気やガスの使用で二酸化炭素が排出されることと，二酸化炭素の排出量が地球の温暖化の原因になっていること。そして，1つの家庭で排出されるおよその量であることなど。

T　グラフから気がついたことを話し合いましょう。

気温が低い冬に二酸化炭素をたくさん出しているね

寒くて暖房を多く使うからだね

夏にも8月は少し増えているのは，冷房を使うからだね

4　沖縄県の月別気温と観光客数のグラフを見て話し合おう

これまでの月別気温と比べてみたら，やっぱり沖縄の気温は高いね

8月に沖縄へ行く人が多い。100万人を超えている

3月も多いのは，暖かいから春休みに行くのかな

「月別気温と世帯あたり二酸化炭素排出量」「沖縄県の月別気温と観光客数」の2つの題材を紹介しているが，グラフの読み取りを丁寧にすることを考えて，どちらか1つにしてもよい。

学習のまとめをする。

ふりかえりシートも活用する。

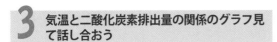

テーマを決めて折れ線グラフに

本時の目標　身の回りから折れ線グラフに表すのがふさわしいテーマを選び，作成して発表することができる。

板書例

テーマを決めて折れ線グラフに表そう

1 ①　テーマを決める

・変化していることを表す
・選んだ理由
・予想も立ててみる

＜テーマ例＞
・年ごとのゴミの量の変化
・月ごとの図書室の利用者数
・教室の温度の変化
・月ごとの水道使用量の変化

2 ②　調べる計画を立てる

・いつ どこで
・何を使って
・どのように

③　調べる

・実測する（気温など）
・保健室や家庭で調べてくる
・学校の資料（学校沿革史など）を
　利用する（児童数など）
・本，インターネットの利用
・その他（聞き取りなど）

POINT　グループ全員で話し合い，活動できるようにアドバイスをします。進度を見ながら，個別の指導をしていきます。

---

1 折れ線グラフに表すテーマを決めよう

4〜5人ずつのグループに分かれて活動する。

T　調べたいことを決めて，折れ線グラフに表し，グラフが入ったポスターを作ります。
　　まずはテーマを決めましょう。

折れ線グラフでは，温度や身長など変化を表していたね

教室の気温の変化を調べてみよう

○○小学校の児童数の変化について調べよう

町のゴミの量の変化を調べるのもいい

テーマがなかなか決められないグループには，あらかじめ準備していたテーマから選べるようにする。

2 テーマに沿ったデータと，グラフ用紙を準備する

テーマに沿ったデータの収集をする。

ア　気温など，実測してデータを整理する。
イ　保健室や家庭で調べる。
ウ　学校の沿革史などの資料を活用する。
エ　市町村役場の資料を活用する。
オ　本やインターネットなどを利用する。

　算数の時間だけではデータが収集できない内容もあるので，放課後などの時間も活用する。

　グラフ用紙については，教師があらかじめ何種類か準備しておき，その中からデータの数値に合わせて適したものを選ぶようにする。

| 準備物 | ・グラフ用紙　・画用紙 (ポスター用)
・ものさし　・カラーペン　など
・必要なデータ | ICT | 表とグラフの枠を共有し，子どもたちが調査してまとめるようにすると，全体共有しやすく，学びを見取りやすくなる。 |

3

④ グラフ用紙を決める

・たてじくと横じくの最大数を決める。

・グラフ用紙の大きさも決める。

・1めもりの大きさを決める。

⑤ グラフを作成する

1　テーマ

2　調べようと思った理由

3　予想

4　折れ線グラフ

5　わかったことや気がついたこと
　（話し合って出た意見をまとめる）

6　発表の練習をする

4

⑥ 発表会をする

○月　○日（曜日）○時間目

しつ問をする。

よいところを見つけて発表する。

3　折れ線グラフを作成して，グラフからわかったことや考えたことをまとめよう

広い画用紙に，まずテーマを書いて，その下にグラフ用紙を貼ろう

変化が良くわかるように，縦軸と横軸を決めて折れ線グラフをかこう

グラフを貼った下には，わかったことを書こう

全体の構成は，各グループによるが，主に次の5点とする。

1　テーマ
2　調べようと思った理由
3　予　想
4　折れ線グラフ
5　わかったことや気がついたこと

「わかったことや気がついたこと」は，グループの話し合いで出た意見をまとめるようにする。

4　グループの発表を聞いて，感想を出し合おう

各グループでまとめたものを発表する機会をつくる。

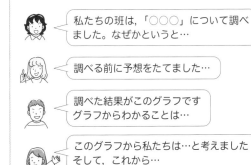

私たちの班は，「○○○」について調べました。なぜかというと…

調べる前に予想をたてました…

調べた結果がこのグラフです　グラフからわかることは…

このグラフから私たちは…と考えました　そして，これから…

　どのような発表形態にするかは，学級の実情に応じて決める。感想や意見を出し合うことが大切で，子どもたち同士が相互に肯定的に良さを認め合えるようにする。

　各グループの作品は，発表後に教室か廊下などの一部の掲示板を算数コーナーとして，掲示する。

板書例

けがについて調べよう

1 学校でのけがをへらすために

学年
種類
場所
いつ

2つ選んで表に整理しよう

2

けがをした学年

学 年	人 数（人）	
1年	正	5
2年	下	3
3年	正一	6
4年	正下	8
5年	正一	6
6年	丁	2
合 計	30	

けがの種類

種 類	人 数（人）	
ねんざ	下	3
打ぼく	正下	8
すりきず	正正一	11
つき指	下	3
切りきず	正	5
合 計	30	

けがをした場所

場 所	人 数（人）	
教室	正	5
体育館	正	4
中庭	正	5
ろう下	正一	6
運動場	正下	8
階だん	丁	2
合 計	30	

けがをした時間

時 間	人 数（人）	
朝の時間	正	5
休み時間	正正下	13
放課後	正下	8
授業中	正	4
合 計	30	

POINT もっとわかりやすくするにはどうしたらいいのか，もっと工夫できないかという気持ちが次へのステップへ向かう力に

1 けがを減らすためにどんなことを調べたらいいか考えよう

ワークシートの資料を活用する。

T 6月に学校でけがをして保健室に来た人の記録です。全部で30人がけがをしています。

どんなことがわかればけがを減らすことにつながると思いますか

どこでけがをしている人が多いかがわかれば，その場所で気をつけることができるよ

いつけがをしているかも知りたいな

T 調べてみたいことを資料から2つ選んで，表にまとめてみよう。

2 調べたいことを表にまとめよう

T 表にまとめるときは，落ちや重なりがないようにすることが大切です。どんな工夫をしたらいいでしょう。
C 資料の上から順に調べていく。
C 調べたものにはチェックしておきます。
C チェックしたら，正の字を書いていく。
C 最後に，合計の数が合っているか確かめるようにしよう。
T 板書の表を参考に，自分の調べたいことを表にまとめましょう。

ワークシート②を活用する。

私は，時間別の表にします

ぼくは，学年別の表にするよ

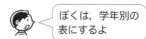

時間	人数（人）	
朝の時間	正	5
休み時間	正正下	13
放課後	正下	8
授業中	正	4
合 計	30	

3 〈表からわかったこと〉

・4年生のけががいちばん多い。

・運動場が予想通り多い。 ろう下も多い。

・すりきずや打ぼくのけがが多い。

・休み時間にけがをする人が多い。

〈表から読み取れないこと〉

・いつどこでけがをする人が多いのか。

・どこで，どんなけがをしているのか。

4

まとめ

・表にするときは，落ちや重なりがないようにする。

・表にすると数字で多い少ないがよくわかる。

・2つのことがらを合わせた表にしてみよう。

なります。

3 もう一つの事柄も表にまとめて，表からわかったことを話し合おう

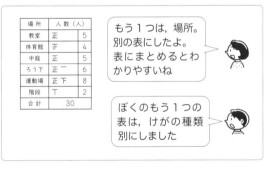

場所		人数（人）
教室	正	5
体育館	正	4
中庭	正	5
ろう下	正一	6
運動場	正下	8
階段	T	2
合計		30

もう1つは，場所。別の表にしたよ。表にまとめるとわかりやすいね

ぼくのもう1つの表は，けがの種類別にしました

T　表にしてわかったことを発表しましょう。

C　場所別の人数を調べました。運動場が多いのは予想通りだけど，廊下でのけがも多かったです。

C　けがの種類を調べました。すり傷や打撲が多いです。

T　表にする良さはどんなことですか。

C　何が多いかなど，調べたことが項目ごとに整理され，よくわかるようになることです。

4 2つの事柄が分かる表はできませんか

T　表にすると分かることがありましたね。

　では，つぎのことはどうですか。

　「どこでどんなけがをした人が何人いるか」

　「何の時間に，どこでけがをしているか」など，

　2つのことが一度に分かりますか。

いつどこでけがをしている人が多いかはこの表からはわからないな

4年生で，どこでけがをしている人が多いかは，はっきりしません

C　2つの事柄が一度に分かる表はできないかな。

　学習のまとめをする。

　ふりかえりシートが活用できる。

本時の目標　2つの観点で二次元表に整理することができ，それからわかることを発表する。

板書例

２つのことがらを１つの表に整理して考えよう

1 「何年生がどんなけがをしているか」

学年とけがの種類（人）

	ねんざ	打ぼく	すりきず	つき指	切りきず	合計
1年	㋐					
2年						
3年		3年の打ぼく				
4年				㋑		
5年						横の合計
6年						
合計			たての合計			全部の合計

㋐　１年生でねんざをした人数
㋑　４年生でつき指をした人数

POINT　2つの事柄を1つに表した2次元の表からいろいろなことを読み取っていき，学級全体で生活の改善につながるアイデアを

1 2つの事柄を表すことができる表の仕組みを知ろう

T　前の時間につくった表は，1つのことを整理した表でした。今日はその中の2つの表を1つにまとめた表を作ります。

　例えば，『何年生がどんなけがをしているか』がわかる表はこのように表します。

二次元表に記入する方法や見方を説明する。

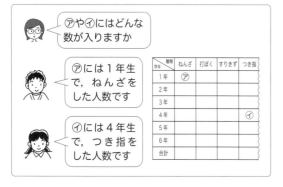

㋐や㋑にはどんな数が入りますか

㋐には1年生で，ねんざをした人数です

㋑には4年生で，つき指をした人数です

2 2つの表を1つにまとめた表を完成させて，表からわかったことをまとめよう

ワークシートが活用できる。

T　落ちや重なりがないように，気をつけましょう。

　まずは，ひとりで取り組むようにし，個別指導をする。また，となり同士や同じ班の友だちと自由に相談ができるようにする。

「どんなところでどんなけがをしているか」がわかる表にしてみたよ

「場所」と「種類」を合わせたんだね

T　表ができた人は，表からわかったことや気がついたことなどを書いておきましょう。

準備物　QR ワークシート　QR ふりかえりシート

ICT　ワークシートを共有し，子どもたちが情報整理するようにすると，枠を複製して複数回の情報処理を試すことができる。

2

けがをする場所と時間（人）

	朝の時間	休み時間	放課後	授業中	合　計
教室	一 1	丁 2	丁 2		5
体育館		丁 2		丁 2	4
中庭	丁 2	下 3			5
ろう下	一 1	正 4	一 1		6
運動場		丁 2	正 4	丁 2	8
階段	一 1		一 1		2
合計	5	13	8	4	30

3

2つのことがらを
1つの表にして
わかったこと

けがが多いのは，
休み時間のろう下，
放課後の運動場

子どもの意見を板書する

4

まとめ　2つのことがらを1つの表にまとめるとわかることや，考えられることがふえる。

見つけ出していきましょう。

3 2つの表を1つにまとめた表を完成させて，表からわかったことをまとめよう

T　同じ2つのことがらを組み合わせた表を作った人で集まりましょう。そして，まず，正しく書けているかを確かめましょう。

　次に，表にしてわかったことなどをグループで発表し合い，意見をまとめてましょう。

つき指をした人は4年生だけだね。4年生はドッジボール大会をした影響かな

廊下でいろんなけがをしているね。廊下を走っている人がけがをしているみたいだね

　全員が話し合いに参加できるようにしたり，話が滞っているグループにはアドバイスをしたりする。全体での発表につなげるように，グループでの発表内容にアドバイスをする。

4 グループで話し合ったことを発表し合って，けがを減らすことにつなげよう

発表例

＜けがの場所と時間＞

　放課後に運動場でけがをする人と休み時間に廊下でけがをする人が多かったです。これは想像ですが，休み時間に廊下を走っていてけがをしたと思います。授業中のけがは体育館と運動場だけなので，体育の時間のけがだと思います。

T　発表を聞いて『けがを減らすための対策』として何ができそうですか？
C　「廊下を走らない」を呼びかけるポスターを作ったらどうだろう。

　データを活用して生活の改善につなげていけるようにする。

　学習のまとめをする。
　ふりかえりシートも活用する。

4つに分類した二次元の表

板書例

工夫してよくわかる表をつくろう

1

〈アンケート〉

ナスとピーマンが
好きか？ 好きでないか？

結果(人)

ナス	好き	21
	好きでない	12

ピーマン	好き	14
	好きでない	19

} 1つの表に

知りたいこと

・ナスもピーマンも好きな人の人数は？
・ナスは好きだけどピーマンは好きでは
　ない人の人数は？

2

野菜の好ききらい調べ（人）

		ピーマン		合計
		好き	好きでない	
ナス	好き	⑦ 6	④ 15	⑦ 21
	好きでない	⑨ 8	⑤ 4	⑦ 12
合計		⑨ 14	⑨ 19	⑩ 33

3

⑦　ナスもピーマンも好きな人数

④　ナスが好きでピーマンが好きでは
　　ない人数

⑨　ピーマンが好きな人数

⑩　クラス全体の人数

1 アンケートを表に整理して，わかったことと，わからないことを発表しよう

ワークシートにあるアンケート資料を使う。

T　アンケートを表にまとめましょう。

T　できた表からどんなことがわかりますか。
　また，わからないことは何ですか。

C　ピーマンが好きな人よりもナスの好きな人の
　方が多い。

どちらも
好きではない
人は何人かな

どちらも
好きな人は，
何人かわから
ない

ナスは好きでは
ないけど，ピー
マンは好きな人
は何人だろう

C　これも前の時間と同じように，2つの事柄を1つ
　の表に整理したらどうかな。

2 2つの事柄を「好き」「好きでない」の2つで調べた表に整理しよう

次のような質問をしながら表の理解を図っていく。

⑦，④にはどんな数が入りますか

⑦はナスもピーマンも好きな人です

④はナスが好きでピーマンが好きで
はない人です

では，⑨，⑩はどんな数が入りますか

⑨はピーマンが好きな人の合計です

⑩はクラス全体の合計人数です

T　アンケート結果から，落ちや重なりがないよう表
　にまとめてみましょう。

| 準備物 | QR 板書用表
QR ワークシート ① ②
QR ふりかえりシート | ICT | クラスでアンケート機能を使って情報を集め，表に整理していくようにすると，子どもたちの学習意欲を高められる。 |

4　イヌとネコ 好き・好きでない調べ（人）

		ネコ		合計
		好き	好きでない	
イヌ	好き	㋐ 12	㋑	㋕ 20
	好きでない	㋒	㋓	㋖
合計		㋗ 18	㋘	㋙ 33

㋑　$20 - 12 = 8$ （人）
㋒　$18 - 12 = 6$ （人）
㋖　$33 - 20 = 13$ （人）
㋓　$13 - 6 = 7$ （人）
㋘　$33 - 18 = 15$ （人）

まとめ　2つの観点から調べたことを4つのグループに分けてまとめると，全体のようすがくわしくようになる。

わかることも多くあります。表の便利さが味わえるようにしましょう。

3　新たな表に整理してわかったことをグループで話し合おう

これだと，さっき出ていた疑問にすべて答えられます

どちらか1つだけ好きな人が多かったね

どちらも好きな人は6人で，どちらも好きではない人の4人より多いです

ほかの食べ物でも調べてみたいな

T　次に，『イヌとネコが好きか好きでないか』を同じように1つにまとめた表にします。
　　では，ノートに定規を使って表をかくところから始めましょう。

4　みんなに手を挙げてもらいながら，表を完成させましょう

T　3つ質問をします。あてはまる人は手を挙げましょう。
　　まず，1つ目です。『犬が好きな人』
　　（人数を数える）20人ですね。この20は表のどこに書いたらいいですか。

C　㋕です。

　　2つめは「猫が好きな人」・・・18人
　　3つめは「犬も猫も好きな人」・・・12人を表に書き入れる。

㋙は学級の人数33だね

残りの空いている数を書いて，表を完成させましょう

学習のまとめをする。

ふりかえりシートも活用する。

名前 _____

● 下の折れ線グラフを見て，気温の変わり方を調べましょう。

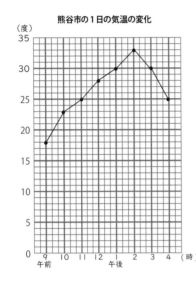

熊谷市の1日の気温の変化

① 午前10時の気温は何度ですか。　　　　（　　　　　　　　　）

② いちばん気温が低いのは，何時で何度ですか。（　　時　　　度）

③ いちばん気温が高いのは，何時で何度ですか。（　　時　　　度）

④ 気温が25度なのは，何時と何時ですか。（　　時　と　　時）

⑤ 気温が上がっているのは，何時から何時までですか。

（　　時から　　時）

⑥ 気温がいちばん上がっているのは，何時から何時までですか。

（　　時から　　時）

⑦ 気温が下がっているのは，何時から何時までですか。

（　　時から　　時）

⑧ 気温がいちばん下がっているのは，何時から何時までですか。

（　　時から　　時）

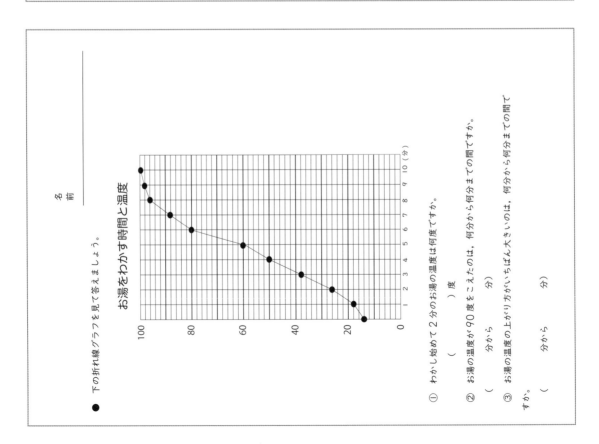

名前 _____

● 下の折れ線グラフを見て答えましょう。

お湯をわかす時間と温度

① わかし始めて2分のお湯の温度は何度ですか。

（　　　）度

② お湯の温度が90度をこえたのは，何分から何分までの間ですか。

（　　分から　　分）

③ お湯の温度の上がり方がいちばん大きいのは，何分から何分までの間ですか。

（　　分から　　分）

名
前

● 下のグラフは，「静岡市の月別気温とこう水量」を表したものです。
グラフからわかったことや気づいたことを書きましょう。

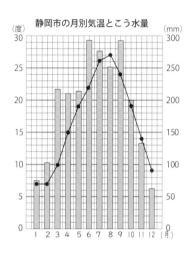

● 下のグラフは，「福井市の月別気温とこう水量」を表したものです。
「静岡市の月別気温とこう水量」のグラフと比べて気づいたことを書きましょう。

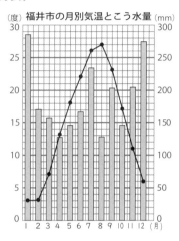

名
前

● 下のグラフは，「月別の気温と一世帯あたりの二酸化炭素はい出量」を表したものです。グラフからわかったことや気づいたことを書いて話し合いましょう。

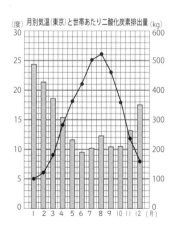

● 下のグラフは，「沖縄の月別の気温と観光客数」を表したものです。
グラフからわかったことや気づいたことを書いて話し合いましょう。

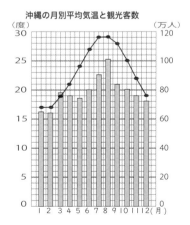

わり算の筆算（1）

◎ 学習にあたって ◎

<この単元で大切にしたいこと>

　4年生では，わり算の筆算の仕組みを理解し，計算ができるようにします。わり算の筆算（2）で学習する「÷2位数」になると，商の位や仮商の修正など計算が複雑になり，いろいろな筆算のタイプでつまずく子がでてきます。この4年生の1つの山をすべての子が乗り越えることができるように，その前段としてある本単元で筆算の仕組みをしっかりと理解できることが必要です。そのためには，次の3つのことを大切にして指導します。

　まずは，数字だけでなくその問題場面を半具体物（算数ブロック）で操作し，それと対応させながら筆算の仕組みを学習することです。そうすることで，量と関係させながら筆算の仕方を自分で考え，納得できるものとなります。

　そして，筆算のアルゴリズムを定着させることです。「（かくす）→たてる→かける→ひく→おろす」という一定の手順にそって計算すれば，どんな筆算でもできるという自信がもてるようにします。

　加えて，わり算には「1あたり量」と「いくつ分」を求める2通りのわり算があることも意識して指導していかなくてはなりません。筆算だけでなく，乗除の構造についても理解を深める学習にしたいものです。

<数学的見方考え方と操作活動>

　半具体物（算数ブロック）を実際に分けてみることに対応させて，「（かくす）→たてる→かける→ひく→おろす」という筆算の手順を考え，アルゴリズムとして確立するようにします。また，その反対に，筆算でしたことを半具体物操作で確かめることもします。

　わり算の場面を図や表に表すことで量の関係を構造的にとらえることができるようにします。その図や表から，2つのわり算の意味の違いを明らかにして解くことができるようにします。

<個別最適な学び・協働的な学びのために>

　筆算方法を「（かくす）→たてる→かける→ひく→おろす」をキーワードにしながら説明できるようにします。また，その説明を聞いて意見や感想を出し合うことも大切にします。

　新たなタイプの筆算に出会ったとき，今までの筆算との違いに気づき，話し合いを通して自分たちの力で解決できるようにします。教えてもらうのではなく自力解決することで理解を深めます。

　計算練習では速さを競うのではなく，どの子も自信をもってできるように支援します。子ども同士の教え合いを大切にすると共に，進んで発展的な学習にも取り組めるようにします。子どもたちの作った計算問題や文章問題を交流したり，授業に取り入れることで，協働的に学ぶ意欲を喚起します。

知識および 技能	2 〜 3 位数÷1位数の除法の筆算の仕方を理解し, 計算することができる。
思考力, 判断力, 表現力等	「(かくす) →たてる→かける→ひく→おろす」の手順にそって筋道を立てて筆算の仕方を考えることができたり, 表現してまとめたりすることができる。
主体的に学習に 取り組む態度	既習の除法計算の方法をもとに, 2 〜 3 位数÷1位数の筆算の仕方を進んで考えようとする。

◎ 指導計画　10 時間 ◎

時	題	目　標
1	3 年生のわり算を筆算で	3 年生で学習したわり算の内容で, 筆算の仕方を理解する。
2	2 位数÷1 位数= 2 位数の筆算 (基本のタイプ)	2 位数÷1 位数= 2 位数の筆算の仕方を考える。
3	2 位数÷1 位数= 2 位数の筆算 (あまりなし)	2 位数÷1 位数= 2 位数の筆算 (あまりなし) ができるようになる。
4	2 位数÷1 位数= 2 位数の筆算 (あまりあり他)	2 位数÷1 位数= 2 位数 (あまりあり) や, 十の位のひき算で 0 になるタイプの筆算ができるようになる。
5	2 位数÷1 位数= 2 位数の筆算　仕上げ	2 位数÷1 位数= 2 位数のどのタイプの筆算もできるようになる。
6	3 位数÷1 位数= 3 位数の筆算 (基本のタイプ)	3 位数÷1 位数= 3 位数の基本的な型の筆算の仕方を理解し, その筆算ができる。
7	3 位数÷1 位数= 3 位数の筆算 (特別なタイプ)	3 位数÷1 位数= 3 位数で, 特別なタイプの筆算の仕方を理解し, その筆算ができる。
8	3 位数÷1 位数= 2 位数の筆算 (基本のタイプ)	3 位数÷1 位数= 2 位数の基本的なタイプの筆算の仕方を理解し, その筆算ができる。
9	3 位数÷1 位数の筆算仕上げ	3 位数÷1 位数のどのタイプの筆算もできるようになる。
10	文章問題	わり算の場面を図や表に表すことで, わり算の意味の違いを明らかにして問題を解くことができる。

1人分の数をもとめよう

キャラメルが 13 こあります。4 人で同じ数ずつ分けます。
1 人分は何こになりますか。また，あまりは何こですか。

1 式　13 ÷ 4 ＝ 3 あまり 1
　　　　（こ）　（人）　（こ）　　　　（こ）

答え　3 こ，あまり 1 こ

2

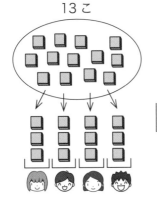

13こ

あまり

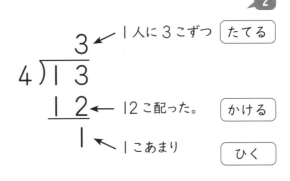

3 ← 1人に3こずつ　たてる
4）1 3
1 2 ← 12こ配った。　かける
1 ← 1こあまり　ひく

POINT　筆算の意味が理解できたら，「たてる→かける→ひく」のアルゴリズムに沿って，計算できるようにしましょう。

1 3年生で学習したわり算を筆算でやってみよう

問題文を提示する。

T　式と答えを書きましょう。
C　13 ÷ 4 ＝ 3 あまり 1。
C　3個ずつであまり1個です。
T　このわり算を『筆算』という計算の方法でやってみます。

ブロックを分ける操作をし，操作に対応させながら**筆算**する。

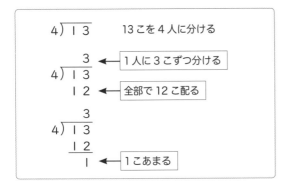

2 筆算の仕方に慣れるように，練習しよう

① 13 ÷ 4 をする。
3こずつ配れるから，3を書く。
商を「たてる」と言う。
　　　　3
4）1 3　たてる

② 4 × 3 をする。
全部で12こ配るから，
12を13の下に書く。
「かける」をしている。
　　　　3
4）1 3
1 2　かける

③ 13 − 12 をする。
「ひく」をする。
3こずつ配れて1こあまる。
　　　　3
4）1 3
1 2　ひく
1

繰り返し，筆算の説明をする。はじめは，操作と対応させ，理由を添える。次に，たてる→かける→ひくの言葉が覚えられるようリズムをつけてする。

子どもたちも1度目は，黒板を見て，2度目は，困ったら黒板を見てし，3度目はできる限り黒板を見ないで…このように，次第に筆算に慣れていくようにする。

準備物	・板書用ブロック ・問題文 **QR** ふりかえりシート	**I C T**	課題シートを共有し，子どもが記入したものを全体共有すると，筆算の仕方や考え方を対話的に学ぶことができる。

3 れんしゅう

①
```
      4
  5)2 2
    2 0
      2
```

②
```
      4
  9)4 2
    3 6
      6
```

③
```
      8
  8)7 0
    6 4
      6
```

④
```
      7
  7)5 1
    4 9
      2
```

⑤
```
      4
  2)9
    8
    1
```

まとめ

わり算の筆算
たてる ➡ かける ➡ ひくの手順でできる

4

```
×     7
  8)7 0
    5 6
    1 4
```
わる数よりも
あまりの方が
大きい

```
×     8
  8)7 0
    6 4
      4
```
ひき算が
まちがっている

---

3 ひとりで，筆算でしてみましょう

① 22 ÷ 5 （ひき算で繰り下がりなしの筆算）
② 42 ÷ 9 （ひき算で繰り下がりありの筆算）
③ 70 ÷ 8 （同上）
④ 51 ÷ 7 （同上）
⑤ 9 ÷ 2 （1位数 ÷ 1位数の筆算）

たてる→
かける→ひくの
順番で計算した
らいいね

「ひく」は
ひき算の
筆算と同
じだね

答えを書く位
を間違えない
ように，位を
そろえて書こう

机間指導，個別指導をする。
「2 ÷ 3 ＝ 0 あまり 2」のような商が 0 になるタイプも練習しておく。第 5 時の学習に関係する。
学習のまとめをする。

4 70 ÷ 8 の 2 つの筆算を見て，正しくできているか考えよう

ア
```
      7
  8)7 0
    5 6
    1 4
```

イ
```
      8
  8)7 0
    6 4
      4
```

アは，あまりがわる数よりも大きいから間違いです。
14 個あったら 8 人にまだ 1 個ずつ分けられるからです

イは，ひき算が間違っています。
0－4 はできないから繰り下げて
10－4＝6 としなければいけません

T　わり算の筆算をやってみてどうでしたか。
C　たてる→かける→ひくの順で計算できます。

　ふりかえりシートが活用できる。

板書例

72 ÷ 3 の筆算のしかたを考えよう

あめが 72 こあります。3 人で同じ数ずつ分けます。
1 人分は何こになりますか。

1 式
$$72 \div 3$$
（こ）　（人）

2

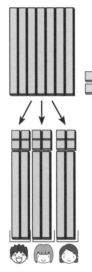

72 こ

十の位から計算する
$$7 \div 3 = 2 \text{ あまり } 1$$
（本）　（人）（本）　　　（本）

3

$$\begin{array}{r} 24 \\ 3\overline{)72} \\ \underline{6} \\ 12 \\ \underline{12} \\ 0 \end{array}$$

答え **24** こ

POINT 半具体物操作をもとに筆算の仕方を考える。「たてる→かける→ひく→おろす」の言葉を唱えながら筆算の練習をします。

1 72 個を 3 人に分けてみましょう

問題文を提示する。

C 式は 72 ÷ 3 です。

T 実際に 72 個を 3 人に分けてみましょう。

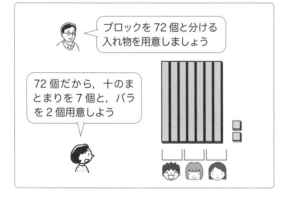

ブロックを 72 個と分ける
入れ物を用意しましょう

72 個だから，十のま
とまりを 7 個と，バラ
を 2 個用意しよう

T どの位から分けますか。」

C 十の位からです。

　実際に分けてみると，十の位からの方がスムーズにできることがわかる。

2 ブロックを分けて，72 ÷ 3 の答えを みつけよう

T 十の位からブロックを分けていきましょう。

C 10 が 7 本あるので 1
人 2 本ずつ分けます。

C 10 が 1 本と 1 が 2 個
あまります。

T あまりを 3 人に分ける
方法を考えましょう。

C 10 をバラバラにした
ら，12 個になって分け
られます。

C 12 個になったから，
これを 1 人 4 個ずつ
分けます。

C 1 人分は，24 個になり
ます。

C 72 ÷ 3 ＝ 24 だね。

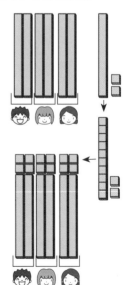

　動画「72 ÷ 3」が活用できる。

| 準備物 | ・算数ブロック　　・　問題文
・板書カード（「たてる」「かける」「ひく」「おろす」）
QR ふりかえりシート
QR 動画「72 ÷ 3」 | I C T | 表計算ソフトでブロック操作できる図を作って共有すると，子どもたち自身で操作しながら筆算の意味を掴める。 |

4

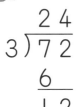

①	たてる
②	かける
③	ひく
④	おろす

⑤	たてる
⑥	かける
⑦	ひく

＜答えのたしかめ＞

$24 \times 3 = 72$

$$
\begin{array}{r}
24 \\
\times\ 3 \\
\hline
72
\end{array}
$$

まとめ　わり算の筆算はたてる ➡ かける ➡ ひく ➡ おろす ➡ たてる ➡ かける ➡ ひくの順にする

3　ブロック操作でしたことを，筆算でしてみましょう

① $72 \div 3 \rightarrow 3\overline{)72}$

② $3\overline{)72}$ 上に2

③ $3\overline{)72}$　2／6／1

④ $3\overline{)72}$　2／6／12

⑤ $3\overline{)72}$　24／6／12／12／0

① 式を筆算で書く。

② 十の位から分ける。
1人に2本ずつ分けられる。

③ 全部で10を $2 \times 3 = 6$
6本分けたので1本残る。

④ 1本をバラバラの10にする。
2個と合わせて，12個を3人に分ける。

⑤ 1人に4個ずつ分けられる。
全部で $4 \times 3 = 12$

12個ぴったりに分けられたので，

あまりは0個。

答えは24個。

再度，教師がブロックを配る操作をしながら，子どもが筆算を書く。もう一度，今度は操作を思い浮かべながら子どもだけで筆算を書く。

4　わり算の筆算を「たてる，かける，ひく，おろす」のリズムでする

T　今度は，ブロックの操作をしないで，数字だけでやってみましょう。

「たてる，かける，ひく，おろす」のカードを準備しておき，板書にカードを貼りながら計算をする。

同じ計算を2〜3回すると，計算の仕方を覚えられ，板書を見なくてもできるようになる。

最後に答えのたしかめ算をする。たしかめ算は，分けたブロックを見ながら考える。ここでは，24個の3人分だから，$24 \times 3 = 72$　となる。

学習のまとめをする。

ふりかえりシートが活用できる。

板 書 例

筆算ができるようになろう

1　〈説明しよう〉

$$
\begin{array}{r}
2\ 4 \\
3\overline{)7\ 2} \\
6 \\
\hline
1\ 2 \\
1\ 2 \\
\hline
0
\end{array}
$$

①　たてる
②　かける
③　ひく
④　おろす
⑤　たてる
⑥　かける
⑦　ひく

2　〈ブロックでたしかめる〉

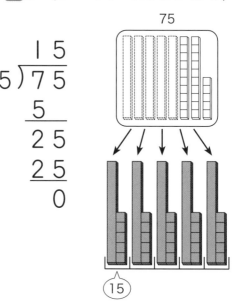

$$
\begin{array}{r}
1\ 5 \\
5\overline{)7\ 5} \\
5 \\
\hline
2\ 5 \\
2\ 5 \\
\hline
0
\end{array}
$$

75

⑮

(POINT) 本時では，筆算でしたことを半具体物操作をして確かめましょう。理解が深まります。

1 前時でした 72÷3 の筆算を説明しながら やってみましょう

　子どもの発表を補助しながら，「たてる，かける，ひく，おろす」のキーワードになる言葉のカードを黒板に貼る。発表者の頑張りや表現力を賞賛し，ほかの子どもたちからの感想や意見も求めたい。

T　75÷5 を筆算でしましょう。できた人は筆算の 仕方が説明できるようペアで練習しよう。

「たてる，かける，ひく，おろす」の順に計算しながら説明していくよ

「十の位の計算」と「一の位の計算」に分けてノートに書いておこう

　説明の機会をつくる。ノートに計算の手順を書くのも有効。表現する（言葉にする）ことで筆算が定着する。

2 筆算を半具体物を使って確かめよう

T　75÷5 の筆算の答えは何になりましたか。

C　15 です。

T　ブロックを使って計算を確かめてみよう。

　代表の子どもが黒板で 75÷5 のブロック操作をする。

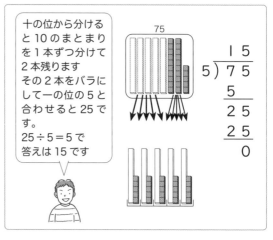

十の位から分けると 10 のまとまりを 1 本ずつ分けて 2 本残ります その 2 本をバラにして一の位の 5 と合わせると 25 です。25÷5＝5で 答えは 15 です

75

$$
\begin{array}{r}
1\ 5 \\
5\overline{)7\ 5} \\
5 \\
\hline
2\ 5 \\
2\ 5 \\
\hline
0
\end{array}
$$

　学習のまとめをする。

準備物	・算数ブロック ・板書カード（「たてる」「かける」「ひく」「おろす」） QR ワークシート QR 文章問題づくりシート

ICT	問題づくりシートを共有し，子どもが作問したものを全体共有することで，何度も問題に当たることができる。

まとめ

> わり算の筆算は
> たてる ➡ かける ➡ ひく ➡ おろすをくり返す

3 〈マスター練習〉

① 57÷3　② 91÷7　③ 96÷4　④ 84÷6　⑤ 60÷5

```
    1 9          1 3          2 4          1 4          1 3
 3) 5 7       7) 9 1       4) 9 6       6) 8 4       5) 6 0
    3            7            8            6            5
    2 7          2 1          1 6          2 4          1 5
    2 7          2 1          1 6          2 4          1 5
      0            0            0            0            0
```

4 〈文章問題づくり〉

75 ÷ 5　になる文章問題

---

3 練習をして，筆算をマスターしよう

① 57÷3
② 91÷7
③ 96÷4
④ 84÷6
⑤ 60÷5

□)□□ 〔筆算の型〕

ここでの計算練習は
左のタイプです。
全員ができたら答え
合せをします。

T　できた人は，75÷5で文章問題をつくりましょう。

　計算練習をすると必ず個人差があり，個別指導の必要な子どももいる。個別指導の時間を確保するためにも，早くできた子どもが次に取り組める課題を準備しておいた方がよい。たくさんの計算練習を準備しておくよりも意味理解を習熟し，ほぼエンドレスに取り組める課題として，ここでは問題づくりを取り入れている。

4 文章問題作りに挑戦しよう

【文章問題づくり】

　右のような用紙を一度用意すれば，他の単元でも使える。

　わり算の文章問題を作ると，等分除だけでなく包含除の問題，または，長さやかさの連続量を使った問題を作る子どももいる。

　できた作品は後の学習にも活用できる。掲示物にもできる。

　ふりかえりシートが活用できる。

板書例

筆算がどんどんできるようになろう

1 〈新しいタイプ①〉

```
    2 3
4 ) 9 4
    8
  ─────
    1 4
    1 2
  ─────
      2
```

① たてる
② かける
③ ひく
④ おろす
⑤ たてる
⑥ かける
⑦ ひく

あまりがある

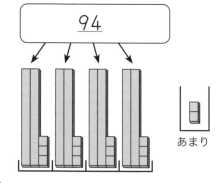

94

あまり

2

94 を分けたら
23 こが 4 つ分とあまり 2 こ

〈たしかめ算〉

23 × 4 + 2 ＝ 94
商 × わる数 + あまり ＝ わられる数

POINT　新たなタイプの計算は，既習をもとに子どもたち自身で考えて解決できるようにします。たしかめ算は半具体物の操作結果

1 94÷4の筆算は，前時の筆算とどこが違っていますか

T　94÷4の筆算を今までと同じように「たてる，かける，ひく，おろす」でやってみよう。

最後のひき算で
0にならないよ

あまりが出る
問題だね

　ブロック操作をして，答えが23あまり2になることを確かめる。

　あまりのあるわり算は3年生での既習内容ですから，あまりなしのわり算より先にしても良い。ここでのタイプの違いは子どもたちにさほどの障壁にはならないと考える。

2 たしかめ算はどのようにすれば良いでしょうか

T　94÷4＝23あまり2ですね。この計算を確かめる式は，どのようになるでしょう。

C　3年生で習ったように，わる数と商をかけて，あまりをたしたらいいです。

T　ブロックを使って確かめてみましょう。

23個ずつが4つ分
だから，23×4＝92
それに，あまりの2を
たして，94個になったね

言葉の式に表すと，
「商×わる数＋あまり
＝わられる数」です

　教科書では，わる数×商＋あまりとなっているが，半具体物の操作と対応させると，上記のようになる。

準備物
・算数ブロック
・板書カード（「たてる」「かける」「ひく」「おろす」）
QR ふりかえりシート

ICT
ふりかえりシートを共有して子どもが記入して返信するようにすると，反復練習したり，評価したりしやすくなる。

3 〈新しいタイプ②〉

ひき算で
十の位は 0 に
なる

```
      2 2
  4 ) 8 9
      8
      0 9
        8
        1
```

0 は書かない →

4 〈虫食い算にちょうせん〉

```
      □ □
  □ ) 8 □
      6
      2 □
      □ 4
        □
```

```
      □ 3
  4 ) 9 □
      □
      1 □
      □ □
        0
```

〈マスター練習〉

① 37 ÷ 2　② 55 ÷ 4　③ 95 ÷ 7　④ 68 ÷ 2　⑤ 97 ÷ 3　⑥ 68 ÷ 6

まとめ

新しいタイプも
「たてる ➡ かける ➡ ひく ➡ おろす」でできる。

をもとに考えるようにします。

3 89 ÷ 4 の筆算をして，これまでの筆算との違いを見つけましょう

わかった！　十の位でひき算をしたら 0 になる。そこが，今までと違っているよ

8 ひく 8 は 0 だけど，0 は書かなくてもいいのかな？

書いてもいいけど，次の計算は 9 ÷ 4 だから，書く必要がない

学習のまとめをする。

T　計算練習をしましょう。できた人は，虫食い算に挑戦しましょう。
　① 37 ÷ 2　② 55 ÷ 4　③ 95 ÷ 7
　④ 68 ÷ 2　⑤ 97 ÷ 3　⑥ 68 ÷ 6

4 虫食い算に挑戦しよう

T　虫食い算です。□にあてはまる数を考えてできたら，自分でも作ってみましょう。
　　虫食い算は，次のタイプでつくりましょう。

㋐
```
        □ □
   □ ) □ □
        □
        □ □
        □ □
```
　　　　□ あまりあり

㋑
```
        □ □
   □ ) □ □
        □
        □
        □ □
        □
```
ひき算で，十の位が空位になる

ふりかえりシートが活用できる。

板書例

□□÷□の筆算ゲームをしよう

1 〈こんな問題できるかな〉

> おり紙が62まいあります。1人に3まいずつ分けます。
> 何人に分けることができますか。また，あまりは何まいですか。

式　62 ÷ 3
　　（まい）（まい）

商の一の位に0がたつ

2 ÷ 3 ＝ 0 あまり 2

```
   2 0
3 )6 2
   6
   2
   0
   2
```

省略できる

```
   2 0
3 )6 2
   6
   2
```

答え　20人，あまり2まい

POINT　2位数÷1位数の全てのタイプの筆算ができるようになる計算ゲームです。ペアで楽しく学び合える時間をつくります。

1 立式，筆算をして答えを求めよう

問題文を提示する。まずは，個人解決をする。

> 1人分がわかっていて，何人分かを求めるわり算だ。
> 式は62÷3

> 筆算でやってみよう。
> …あれ？
> 2÷3になるけど，2÷3って計算できるかな？

T　1人に3枚ずつ配りますね。2枚だったら何人に
　配れますか。

C　誰にも配れません。…ということは0だ。

C　2÷3＝0あまり2だ。一の位は0になる。

　3年生で，2÷3の様に商が0になる計算を扱わない教科
書があるが，4年のわり算で必要になるため扱っておく必要
がある。筆算の一部を省略できることも知らせるが，省略す
ることを無理強いすると間違う子もいるので注意したい。

2 筆算の間違いを見つけて，正しく直しましょう

> ①は，省略した筆算にして，一の位に0をたてるのを忘れたんだね

> ②は，あまりがわる数より大きくなっているから間違いだね。「22÷3」は7あまり1になるよ

T　70 ÷ 4を筆算すると，どんな間違いをすると
　思いますか。

　「こんな間違いをしそうだ」
と想像することは，間違いを
客観的に見ること。客観的に見
ることで，ケアレスな間違いは
減る。

（例）
```
     1 7
4 )7 0
   4
   3 0
   2 8
      8
```

2 〈まちがいを直そう〉

①

```
    4           40
2)81   ➡   2)81
  8           8
  1           1
```

一の位に 0 をたてる

②

```
   26          27
3)82   ➡   3)82
  6           6
  22          22
  18          21
   4           2
```

あまりは，わる数より小さくなる

3

〈計算ゲーム〉

カード　・1〜9（2まいずつ）
　　　　・0が1まい
　　　　・　3まいずつくばる

3まいの数字を□に入れて筆算する。

商が2けたで，小さい数の方が勝ち

※　0をわる数にはできない。
※　計算まちがいがあったら負け
　（相手の筆算をよく見る）

---

3 「どっちが小さくできるかな」　計算ゲーム

 わり算の筆算ができるようになったので，それが生かせるゲームをしましょう

(1)　準備物
　　1〜9までのカードを2枚ずつ　　0のカードを1枚
(2)　ゲームの方法
　　ア　ペアーでする。
　　イ　カードをよく混ぜて，見えないように重ねて，3枚ずつ
　　　　配る。
　　ウ　3枚のカードで □□÷□ の式をつくり筆算をする。
　　　　商が2桁で小さい数の方が勝ちとする。

※　0をわる数にすることはできない。
※　商が1桁では負けになる。
※　計算間違いは負けになる。
※　相手の計算がすんでから，自分の計算を始める。
　　（相手の筆算をよく見るように注意する。）

例　⑤⑨⑥と⑦②④の場合

```
   13    勝     18
5)69    ち   4)72
  5           4
  19          32
  15          32
   4           0
```

・ルールの変更。
・商が小さい方が勝ち→商が大きい方が勝ち。
　　　　　　　　　　　→商が20に近い方が勝ち。

・カードのチェンジが1回だけできる…など。

QRコードより「さいころ計算ゲーム」も参照できる。

ふりかえりシートが活用できる。

板書例

3 位数÷ 1 位数の筆算のしかたを考えよう

おり紙が 431 まいあります。3 人で同じ数ずつ分けます。
1 人分は何まいになりますか。また，あまりは何まいですか。

式
$$431 \div 3$$

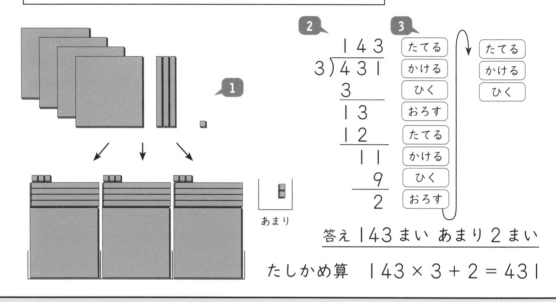

```
    1 4 3
3 ) 4 3 1
    3
    1 3
    1 2
      1 1
        9
        2
```

②
たてる
かける
ひく
おろす
たてる
かける
ひく
おろす

③
たてる
かける
ひく

あまり

答え 143 まい あまり 2 まい

たしかめ算　143 × 3 + 2 = 431

POINT　まずは，半具体物操作と筆算を対応させ，筆算の意味が理解できることを大切にします。

1 431 枚の折り紙を 3 人に等しく分けて，1 人分の枚数を求めましょう

C　式は，431 ÷ 3 です。わられる数が 3 けたになったよ。

T　実際に 431 枚を 3 人に分けて 1 人分が何枚になるかを求めてみよう。

代表の子ども 3 人が黒板のブロックで 431 ÷ 3 の操作をする。3 人はそれぞれ「百の位」「十の位」「一の位」の担当の位の操作を行って答えを求める。

動画「431 ÷ 3」がまとめとして活用できる。

2 ブロックでしたように，431 ÷ 3 を筆算してみよう

T　筆算でできるでしょうか。まずはひとりでやってみましょう。

今までと同じように「たてる，かける，ひく，おろす」でやっていけばできそうだな

100 から分けたから，百の位から順に計算していけばいいな

C　百の位，十の位，一の位それぞれで計算したら 143 あまり 2 になったね。

既習内容から，ひとりで解決も可能。ひとりで解決したことをもとに，みんなで話し合いをする。

4　〈練習〉

①817÷6　　②986÷4　　③715÷5

```
      1 3 6
   6 ) 8 1 7
       6
       2 1
       1 8
         3 7
         3 6
           1
```

```
      2 4 6
   4 ) 9 8 6
       8
       1 8
       1 6
         2 6
         2 4
           2
```

```
      1 4 3
   5 ) 7 1 5
       5
       2 1
       2 0
         1 5
         1 5
           0
```

まとめ

> 3位数÷1位数の筆算も
> 「たてる」「かける」「ひく」「おろす」を
> くり返しすればできる。

3　431÷3の筆算の仕方をみんなで考えよう

　黒板でブロック操作をしながら筆算をしていく。同時に，たてる，かける，ひく，おろすのカードを黒板に貼る。

【百の位】
①　4枚を3人に分けるから，4÷3で1を<u>たてる</u>。
②　分けたのは1×3＝3　<u>かける</u>。
③　4－3で1枚残る　<u>ひく</u>。

【十の位】
④　1枚を10本に分けて，十の位の3を<u>おろす</u>13。
⑤　13÷3で，4を<u>たてる</u>。
⑥　4本ずつ3人に分ける　4×3＝12　<u>かける</u>。
⑦　13－12で1本残る　<u>ひく</u>。

【一の位】
⑧　1本を10個に分けて，1個を<u>おろす</u>11個。
⑨　11÷3で3を<u>たてる</u>
⑩　3個ずつ3人に分ける　3×3＝9　<u>かける</u>。
⑪　11－9で2個残る　<u>ひく</u>。
⑫　商は143であまり2。

4　もう一度431÷3の筆算をして，たしかめ算もしましょう

C　たしかめ算は，　143×3＋2＝431
　合っています。

　　たしかめ算は，操作したブロックと対応させる。

T　練習問題をしましょう。
　　①817÷6　　②986÷4　　③715÷5

> 「たてる」「かける」「ひく」「おろす」を1つずつ進めていけば，3けたの筆算でも簡単にできるね

> あまりの大きさにも注意してやってみよう

　学習のまとめをする。

　ふりかえりシートも活用する。

3位数÷1位数＝3位数 の筆算（特別なタイプ）

板書例

3位数÷1位数の筆算のしかたを考えよう

1 〈新しいタイプの筆算〉

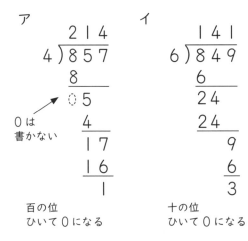

ア
```
    214
  ───
4)857
  8
  ┈5    ←0は書かない
  4
  ──
  17
  16
  ──
   1
```
百の位
ひいて0になる

イ
```
    141
  ───
6)849
  6
  ──
  24
  24
  ──
   9
   6
  ──
   3
```
十の位
ひいて0になる

2 〈問題をつくろう〉

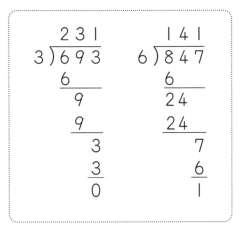

```
    231
  ───
3)693
  6
  ──
  9
  9
  ──
  3
  3
  ──
  0
```

```
    141
  ───
6)847
  6
  ──
  24
  24
  ──
   7
   6
  ──
   1
```

ひき算をすると0になるタイプ

POINT　新しいタイプの計算は教えてもらうのではなく，これまでに学習した筆算との違いに気づき，子ども自身が解決できるよ

1 前の時間に学習した筆算との違いをみつけましょう

T 次の2つの筆算をしましょう。
　ア　857÷4　　イ　849÷6

何が違うかわかりましたか？

前にもひいて0になる筆算があったね

アは百の位，イは十の位で，ひいたら0になります

T みなさんもこのように『ひいて0になる』筆算の問題を作ってみましょう。わられる数の百の位の数は，わる数よりも大きい数にしましょう。

　筆算の決まったタイプの問題作りは，その筆算の仕組みの理解を一層深くする。

2 ひいて0になる問題を作ったり，友だちの問題を解いたりしてみよう

ひいて0になるには，百の位でわり切れるか，十の位でわり切れるようにすればいいな

百の位も十の位もわり切れるような問題を作ってみよう

T 友だちが作った問題を解いてみましょう。ひいて0になる問題になっているかな。

C 693÷3は…どの位もわり切れる問題だ。

C 847÷6は…十の位まででわり切れる。一の位は7÷6＝1あまり1となるね。

　子どもたちの作った問題は練習問題として使用できる。また，「845÷7」など子どもが作った問題から，次の学習の課題となるものも出てくる。

3　友だちが見つけた
〈新しいタイプの筆算〉

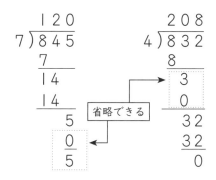

省略できる

商が０になるタイプ

4　〈０のある筆算いろいろ〉

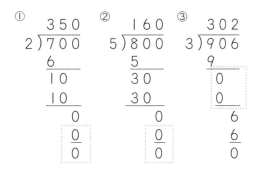

まとめ

計算と中で０がある筆算も
「たてる」「かける」「ひく」「おろす」を
くり返しすればできる。

うにしたい。

3　友だちが作った新しいタイプの筆算をやってみよう

商の一の位や十の位が０になる問題を取り上げる。

T　○○さんが作った『845 ÷ 7』と「○○さんが作った『832 ÷ 4』を筆算でしてみましょう。

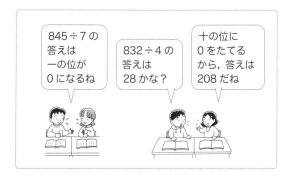

845÷7の
答えは
一の位が
０になるね

832÷4の
答えは
28かな？

十の位に
０をたてる
から，答えは
208だね

4　「０」が入った問題に挑戦しよう

T　今日の新しいタイプの筆算は，どれにも０が入っています。０は簡単そうでいて，実は間違いのもとになるので，注意しないといけない数字です。０のあるいろいろな筆算に挑戦してみましょう。

①　700 ÷ 2　②　800 ÷ 5　③　906 ÷ 3
④　800 ÷ 4　⑤　900 ÷ 3

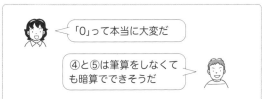

「０」って本当に大変だ

④と⑤は筆算をしなくても暗算でできそうだ

学習のまとめをする。

ふりかえりシートが活用できる。

板書例

3位数÷1位数の筆算がどんどんできるようになろう

バラの花が173本あります。4人で同じ数ずつ分けます。1人分は何本になりますか。また，何本あまりますか。

式
$$173 \div 4$$
（本）　（人）

1

ア
```
   043
4)173
   0
   17
   16
   13
   12
    1
```

イ
```
   ×43
4)173
   16
   13
   12
    1
```

2　かくす

```
   ×43
4)173
   16    かける
   13    ひく
   12    おろす
    1
```
たてる　たてる
かける
ひく
おろす
かける
ひく

答え　43本，あまり1本

POINT　既習を生かして筆算にチャレンジした後で，それを半具体物操作でたしかめます。

1　文章問題を読んで立式し，筆算をして答えを求めましょう

式は 173÷4　筆算をしてみよう

今までと同じように「たてる→かける→ひく→おろす」で筆算をしてみよう

あれ？百の位の計算が「1÷4」だ　0をたてるのかな？

商の百の位はどうしたらいいのかな

前時では十の位や一の位の商に0をたてることをしているので，アのように百の位に0をたてる子がいても不思議ではない。

```
ア  043      イ  ×43
4)173         4)173
   0             16
   17            13
   16            12
   13             1
   12
    1
```

2　どのように筆算をすればいいのか話し合おう

今までのように，「たてる→かける→ひく→おろす」をするなら，百の位に0をたててもいいと思います

数字の先頭の百の位に0があるのは変だ

043　こんなふうに0を消せばいい

T　0をたてる，×を書いておく，どちらの方法も間違いではありません。

　『たてる』前に『かくす』をしてみましょう。

　鉛筆で「73」を隠す。百の位に商はたたない。百の位に×をつける鉛筆を右にずらす。17÷4はできるので十の位から商がたつ。

```
    ×
4)1▨▨
   ×4
4)17▨
```

準備物	・問題文　・板書用算数ブロック
	QR ふりかえりシート
	QR 文章問題づくりシート
	QR 動画「173 ÷ 4」

ICT　計算しない箇所を隠せるようにしたシートを子どもたちが使って考えるようにすると，筆算の仕方を捉えやすくなる。

3 〈たしかめる〉

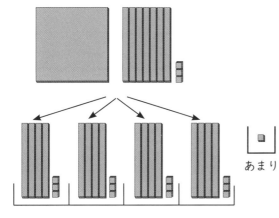

あまり

4 〈練習〉

```
        ①   × 4 2      ②   × 3 9
          6 ) 2 5 2      4 ) 1 5 6
              2 4            1 2
              1 2            3 6
              1 2            3 6
                0              0
```

```
   ③   × 8 4      ④   × 6 2      ⑤   × 6 2
     6 ) 5 0 4      5 ) 3 1 4      8 ) 5 0 0
         4 8            3 0            4 8
         2 4            1 4            2 0
         2 4            1 0            1 6
           0              4              4
```

まとめ

「かくす」でどの位から商がたつのかを決めてから，
「たてる」→「かける」→「ひく」→「おろす」の順で計算する。
商のいちばん上の位（百の位）の 0 は消す。

---

3 筆算をブロック操作で確かめよう

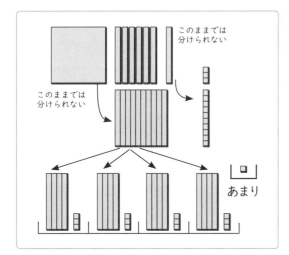

このままでは
分けられない

このままでは
分けられない

あまり

学習のまとめをする。
動画「173 ÷ 4」がまとめとして活用できる。

4 筆算の練習をしましょう

①　252 ÷ 6　　②　156 ÷ 4
③　504 ÷ 6　　④　314 ÷ 5
⑤　500 ÷ 8

　子どもは子どものやりやすい方法でよい。百の位に 0 を書く子どもには「0」は消すように伝える。

Ｔ　できた人は 500÷8 で文章問題を作ってみよう。

　子どもたちが作った問題は，練習問題としても活用できる。また，色画用紙の台紙に貼り，教室に掲示すると学習意欲につなげることもできる。

　ふりかえりシートが活用できる。

板書例

3位数÷1位数の仕上げをしよう

> 245cm のリボンがあります。
> 1本が 6cm になるように切ります。
> 6cm のリボンは何本できて，何cm あまりますか。

1 式 $245 \div 6$
　　　 (cm)　(cm)

```
    4 0
6 ) 2 4 5
    2 4
      5
      0
      5
```

```
    4 0
6 ) 2 4 5
    2 4
      5
```

答え　40本できて 5cm あまる

2 〈ふりかえる〉

```
    1 1 4
4 ) 4 5 6
    4
    5
    4
    1 6
    1 6
      0
```

百の位から
商が立つ

POINT　3位数÷1位数の仕上げの最後は，楽しい計算ゲームにしましょう。

1 立式，筆算をして答えを求めよう

C　式は　$245 \div 6$ です。

C　筆算をしてみよう。
　　百の位には商がたたない。

一の位に
0が立つ
計算です

商に0が立つ計算では
省略して計算ができたね

C　答えは，40本できて 5cm あまります。

　　商の一の位が0になる筆算は2位数÷1位数でも学習済み。
　まずは自力解決をして，その後全体で商をたてる位置や0の
　処理について確認する。

2 3位数÷1位数の筆算を振り返ってやってみよう

T　$456 \div 4$ の筆算をしてみよう。

始めに「かくす」をして，
どの位から商が立つのか
決めてから計算をスター
トしよう

この計算だと，
百の位から商
が立つね

T　3位数÷1位数のいろんなタイプを振り返って
やってみよう。

① 　$808 \div 6$ （3位数÷1位数で商が3位数）

② 　$849 \div 7$ （「ひく」で0になる）

③ 　$543 \div 5$ （商の十の位が0になる）

④ 　$506 \div 6$ （3位数÷1位数で商が2位数）

⑤ 　$325 \div 8$ （商2位数で一の位が0）

〈ふりかえり練習〉

①
```
    1 3 4
6 ) 8 0 8
    6
    2 0
    1 8
      2 8
      2 4
        4
```

②
```
    1 2 1
7 ) 8 4 9
    7
    1 4
    1 4
        9
        7
        2
```

③
```
    1 0 8
5 ) 5 4 3
    5
      4 2
      4 0
        2
```

④
```
    × 8 4
6 ) 5 0 6
    4 8
    2 6
    2 4
      2
```

⑤
```
    × 4 0
8 ) 3 2 5
    3 2
      5
```

3 商が 100 に近い方が勝ち
計算ゲーム

カード
1 〜 9（2 まいずつ）0 が 1 まい
4 まいずつくばる

・4 まいの数字を□に入れて
　筆算する。

・商が 100 に近い方が勝ち

※ 0 をわる数にはできない。

※ 計算まちがいがあったら負け
　（相手の筆算をよく見る）

---

3 「商が 100 に近い方が勝ち」計算ゲーム

 □□□÷□のどんな計算もできるようになったからできるゲームをしましょう

(1) 準備物
　1 〜 9 までのカードを 2 枚ずつ　　0 のカードを 1 枚
(2) ゲームの方法
　ア　ペアーでする
　イ　カードをよく混ぜ，見えないように 4 枚ずつ配る。
　ウ　4 枚のカードで □□□÷□ の式をつくり筆算をする。
　　　商は 2 桁でも 3 桁でも良い。
　　　商が 100 に近い方が勝ちとする。
※　0 をわる数にすることはできない。
※　計算間違いは負けになる。
※　相手の計算がすんでから，自分の計算を始める。
　　（相手の計算をよく見るように注意する。）

例 ③⑤⑨⓪ と ⑧②⑨④ の場合

```
    1 6 9
3 ) 5 0 9
    3
    2 0
    1 8
      2 9
      2 7
        2
```

```
    9 3      勝ち
9 ) 8 4 2
    8 1
      3 2
      2 7
        5
```

ルールの変更もできる
・商が小さい方が勝ち，商が大きい方が勝ち。
・カードのチェンジが 1 回だけできる…など。

学習の感想を書く。
ふりかえりシートが活用できる。

文章問題

板書例

文章問題に自信がもてるようになろう

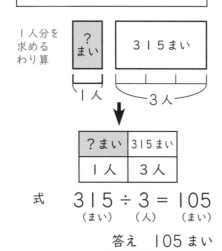

1 ⓐ

315 まいのカードを
3 人で同じ数ずつ分けます。
1 人分は何まいになりますか。

1 人分を
求める
わり算

? まい	315 まい
1 人	3 人

式　315 ÷ 3 = 105
　　（まい）　（人）　（まい）

答え　105 まい

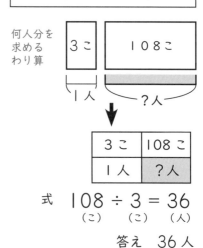

2 ⓘ

108 このあめを
1 人に 3 こずつ分けます。
何人に分けられますか。

何人分を
求める
わり算

3 こ	108 こ
1 人	? 人

式　108 ÷ 3 = 36
　　（こ）　（こ）　（人）

答え　36 人

POINT　3年生で既習内容だが，ここで再度，図や表を使って等分除と包含除の違いの理解を図る。これは，小数や分数の乗除

---

1 ⓐの文章問題を図と表に表してみよう

T　ⓐの問題でわかっていることは何ですか。

C　315 枚のカードを 3 人に分けることです。

T　簡単な図に表してみます。
　　・・・（㋐）

T　求めることは何ですか。

C　1 人分の枚数です。

T　㋐の横に図に表します。
　　・・・（㋑）
　　この図をかけわり図と
　　いいます。表にすると
　　もっと簡単にかけます。
　　・・・（㋒）

C　上は枚数，下は人数
　　で横に揃っているね。

C　1 人分を求めるのは
　　わり算だ。式は 315 ÷ 3 になります。

C　答えは 105 枚だ。

㋐

315 まい

3 人

㋑

| ? まい | 315 まい |

1 人　　3 人

㋒

? まい	315 まい
1 人	3 人

2 ⓘの文章問題を図と表に表してみよう

T　ⓘの問題でわかっていることは何ですか。

C　108 個のあめを 1 人に 3 個ずつ分けるということです。

T　図に表してみます。
　　・・・（㋕）

T　何を求めるのですか。

C　何人に分けられるか。

T　これを図に表します。
　　・・・（㋖）

C　上は個数，下は人数で
　　揃っているね。

T　図を表にしてみます。
　　・・・（㋗）

C　何人分かを求める問題
　　で，これもわり算です。

C　式は，108 ÷ 3 です。

C　答えは 36 人です。

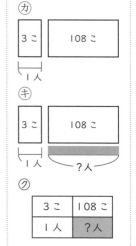

㋕

| 3 こ | 108 こ |

1 人

㋖

| 3 こ | 108 こ |

1 人　　? 人

㋗

3 こ	108 こ
1 人	? 人

3 まとめ

> 文章問題は図や表に表すと，意味がわかって式を書くことができる。

4 ＜どちらのわり算か考えよう＞

①

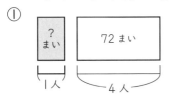

式　72 ÷ 4
　　（まい）（人）　　答え 18 まい

②

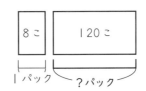

式　120 ÷ 8
　　（こ）　（こ）　　答え 15 パック

③

6cm	96cm
1 本	?本

式　96 ÷ 6
　　（cm）（cm）　　答え　16 本

④

?円	180 円
1 こ	5 こ

式　180 ÷ 5
　　（円）　（こ）　　答え　36 円

につながる学習でもある。

---

3 ⑥と◐のわり算の違いを図や表を見て話し合いましょう

> 図や表で見ると，求めるところが違う。⑥は，図表の左上で，◐は右下がわからないところだよ

> どちらも全部の数はわかっていて，⑥は，1 人分を求める問題で，◐は，何人分かを求める問題だ

T　同じわり算でも，図や表に表したらわかるように，求めるところが違う 2 つのわり算があります。

C　式にも違いがあります。⑦は，「枚数÷人数」と違う種類の量でわっているけど，④は，「個数÷個数」と同じ種類の量でわっています。

C　図や表にすると，同じわり算でも違いがよく分る。

　学習のまとめをする。

4 問題を図と表に表し，どちらのわり算かを見分けてから，式と答えを書きましょう

① 72 まいの折り紙を 4 人で同じ数ずつ分けます。1 人分は，何まいになりますか。

② 120 このたまごを 1 パックに 8 こずつ入れます。何パックできますか。

③ 96cm のリボンを 1 本が 6cm ずつに切ります。6cm のリボンは，何本できますか。

④ あめを 5 こ買うと，180 円でした。あめ 1 このねだんは，何円ですか。

　2 つのわり算に加えてかけ算の場面を同じ図表に表すことができれば，演算決定で間違うこともなくなる。本時では，わり算だけ扱っている。かけ算と合わせて学習する機会をつくるのも良い。

　ふりかえりシートが活用できる。

やってみよう

さいころ計算ゲーム
2位数÷1位数の計算ゲームをしましょう

ねらい
ゲームをしながら、筆算の習熟を図る。

[ルール]
① となりの席の人と2人で対戦します。
② 赤色と青色のさいころをふります。出た数がわられる数は十の位に、赤色の数は十の位に、青色の数は一の位に書き込みます。もう一度、青色のさいころをふって出た数がわる数になります。
③ 「シーサー」が出たら自分で好きな数字を選べます。「オール」がでたら相手が好きな数字を選びます。
④ ノートに計算をして答えが大きい方が勝ちます。
⑤ 計算まちがいがあると負けです。
⑥ 勝った人は、シールをゲットできます。
⑦ 負けた人は筆記用具を持って、空いている席へ移動します。

[準備]
・さいころを赤色と青色に出力して組み立てておきます。立方体
積木に適当な数を書いて、作ってもいいでしょう。
・さいころとシールを、子どもの机の上に置きます。

[留意点など]
45÷6のような3年生の終わり算もできるでしょうが、筆算で
するようにします。3のルールがありますが、必ず子どもたちが
計算を教えることがよいでしょう。一度
教師と生徒でやってみせるといいでしょう。ルールを徹底するために、一度
ゲーム開始後は、配慮が必要な子の近くで見たり、計算の問題
いを見逃していないかなどを見るとよいです。

となりの席の人と対戦！

さいころをふります。
赤は十の位
青は一の位だね
□□4

もう一度、青色のさいころをふります。
これがわる数
になるよ
3|□4

シーサーが出たら
好きな数字が
選べます。

オールが出たら
相手が好きな数字を
選べます。

計算をして…
3|74　5|86
どっちが
大きい？

答えの大きいが勝ち!!
24　17
3|74　5|86
6　　5
14　36
12　35
2　　1
オー

勝ったらシールをゲット！
1回勝ったら1枚！
取りすぎはダメですよ
は〜い

負けたら席を移動します。
空いてる席を
見つけて
次は勝つぞー！

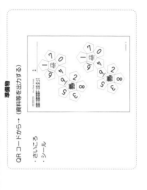

準備物
QRコードから→（資料等を出力する）
・さいころ
・シール

さいころをふったり、計算をしたり計算を返したりすることに歓声が起こります。負けて次の相手を探しているようすがいいですね。やろう、と声をかけてみるのもいいですね。大変にぎやかな状態になることが予想されます。しかし、どの子も遊んでいるようで計算をしていることでしょう。そして、友だちの計算を真剣に見ます。人の計算が正しいかどうかを見てあげることで、計算力のコミュニケーション力も育ちます。
肝心なことは、学校ですから計算練習を友だちとの関わりを通してできるということです。

[計算ゲームを振り返ろう]
「シールは何枚ゲットできましたか？」
0枚の子のチャンピオンを紹介します。
「計算ゲームをしての感想を発表してください。」
「またしてみたい。」
・計算のしかたを○○さんに教えてもらってよくわかった。
などの感想が出てくるといいですね。

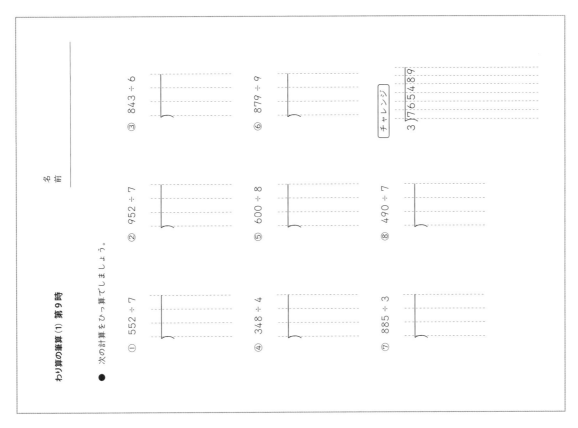

わり算の筆算（1）第 9 時　　　　　　名前

● 次の計算をひっ算でしましょう。

① 552 ÷ 7　　② 952 ÷ 7　　③ 843 ÷ 6

④ 348 ÷ 4　　⑤ 600 ÷ 8　　⑥ 879 ÷ 9

⑦ 885 ÷ 3　　⑧ 490 ÷ 7　　チャレンジ　3) 765489

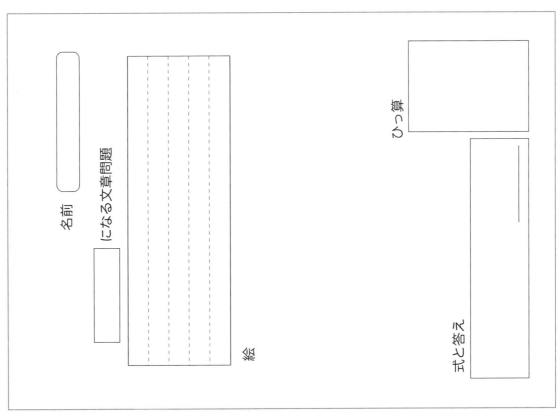

名前

にな文章問題

絵

ひっ算

式と答え

角の大きさ

◎ 学習にあたって ◎

<この単元で大切にしたいこと>

子どもたちの回転量に関する感覚を引き出し，そうした感覚に数学的な概念を網がけしていくことが大切です。

角の指導をおうぎ形を切り抜いた様な図形で行うと，辺の長さによって角の大きさが変化した様に捉えがちです。はじめから，回転量として角度を指導することが大切です。

<数学的見方考え方と操作活動>

角は図形ですが，角度は量ですから，長さ，液量，重さなどの他の外延量と同様に，直接比較，間接比較，任意単位，普遍単位という 4 段階の指導を踏みながら進めることが必要です。

分度器の使い方が難しいということは，長さで定規が，液量でメスシリンダーが使えない事と全く同じです。任意単位（個別単位）の学習が非常に重要な鍵を握ってきます。

高学年で，分析的に図形を眺めるためには，角と角度をしっかりと認識できるように丁寧な指導を心がける必要があります。

<個別最適な学び・協働的な学びのために>

角や角度の学習でも，ゲーム的に学ぶことができます。そこから得られた事実は，子どもたちにとって新しい世界の創出につながります。そうした経験に根ざした発見や活動により，より最適な学びが形成されていきます。

◎ 評 価 ◎

知識および技能	回転角の意味，角度の単位など，角の大きさについて深く理解し，角の測定や作図ができる。
思考力，判断力，表現力等	分度器を使った角の測り方や作図の仕方を考えたり説明したりする。
主体的に学習に取り組む態度	角の大きさをどのように比較すれば良いか，角の大きさをどのように数値化すればよいか，分度器をどのように使えばよいかなどを考えながら活動しようとする。

◎ 指導計画　8時間 ◎

時	題	目　標
やってみよう①	体力測定と角度	脚の開きや握力計の針の開きに注目し，回転の大きさを体験的に捉える。
1	扇子ゲーム	扇子の大きさに関係なく，辺の開き具合として，角の大きさをくらべることができる。（角度の直接比較）
やってみよう②	角度マシーン	角度マシーンを作り，角度を作ったり，角度を写しとったりできる。
2	折り紙分度器	折り紙分度器でできる任意な角度の単位を使って，測定することができる。（角度の任意単位）
3	角度の普遍単位	角度の普遍単位「1°」を知り，分度器でいろいろな角度を測定することができる。
4	角度のたし算ひき算	角度のたし算ひき算ができる。
5	180°より大きい角	(半円)分度器を使って180°より大きい角度の測り方を考えて，測定できるようになる。
6	角の作図	分度器を使って指定された角度をかく方法を考え，かくことができるようになる。
7	三角形の作図	分度器で角度がかけることを使って，三角形の作図ができるようになる。
8	三角定規の組み合わせでできる角度	三角定規を組み合わせてできる角の大きさを求めることができる。
発展	ルーレットの針の動きでできる角度	360°以上の角度を表現することができる。

角の大きさ　77

体力測定と角度

板書例

体力そく定をしよう

1 〈開きゃくチャンピオンはだれかな〉

調べ方

　2人1組で足がどれくらい開くかを見る。

　1人はゆかにすわり，足を少しずつ開く。

　もう1人は，後ろからどれくらい開いたのかを調べて記録する。

2 〈あく力チャンピオンはだれかな〉

調べ方

　グループでする。

　1人があく力計をにぎり，少しずつ力を入れていく。

　ほかの人は，はりがどのようにどこまで動くのかを記録する。

POINT 脚の開きや握力計の針の動きで，回転量としての角のイメージがもてるようにしましょう。角度のイメージ作りの授業です。

1 グループの開脚チャンピオンは誰だろう

T 「脚開き大会」です。床に座って脚を開きましょう。いちばん大きく開いた人がチャンピオンです。

　2人1組になり，1人が脚を開き，もう1人が，後ろから脚の開き具合を見る。

T 脚の開きは，どれくらいかな？後ろの人は，記録者となり，相手がどれくらい開いたのかを手で表現して教えてあげて記録します。

○○さん，すごい！脚がほぼ真っ直ぐになっているよ

私は○○さんの半分でくらいかな

2 グループの握力チャンピオンは誰だろう

T 「握力大会」です。この握力計を握って針を動かしましょう。

　握力計の目盛りは，画用紙で隠しておき，もとの針の位置に，印をつけておく。針が動いた後，印の位置から，どれくらい針が開いたのかを記録する。

針の開きが大きいほど握力があるということかな

○○さん，すごい！まだ針が動いてる

　学校にある握力計を集めて行う。握力計の数に応じて行う方法を工夫する。

| 準備物 | ・握力計
・CCD カメラ
・プロジェクター | ICT | 予め表計算機能を利用して記録表を作成し，配信すると，子どもたちは記録を記入・入力することができ，数値（記録）のちがいを捉えやすくなる。 |

3 〈クラスのチャンピオンを決めよう〉

開きゃく 　　　○○さん
あく力 　　　○○さん

4 〈ノートに感想を書こう〉

開きゃく	あく力
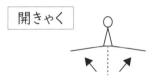	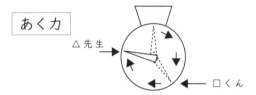
2本のあしが真っすぐになるくらいまで開いた	体育の先生にやってもらったら，針（はり）が一回りしそうだった

---

3 グループの代表で比べて，クラスのチャンピオンを決めよう

　脚開きも握力も，CCD カメラを使うなど工夫して，みんながよく見えるようにする。

 見た感じでは，○○さんの方が開き具合が大きいように見えるけどなあ

どちらも記録したものを重ね合わせたらわかると思うよ

　それぞれのクラスのチャンピオンを決める。

　勝負をつけるのが難しい場合は，どうしたら比べられるのかを今後の授業の課題として捉えておくようにする。

4 今日やったことや感想をノートに書きましょう

T　友だちの脚の開き方の様子，針の動き方の様子を，図と言葉でまとめておくといいですよ。

○○さんは，脚をゆっくり少しずつ開いて2本の脚が真っ直ぐになるくらいまで開いたのがすごいと思いました

 チャンピオンの○○くんがやった後に，体育の先生に握力計をやってもらったら，針がもっと回って一回りしそうだった

扇子ゲーム

板書例

せんすゲームをしよう

1

〈ルール〉

- ・3人1組で行う。
- ・大・中・小のせんすを使う
- ・かくしながら，せんすを開く。
- ・合図で3人同時に出す。
- ・せんすの開き具合が中間だった人が1ポイントをゲットする。

せんすの開き具合をくらべる方法

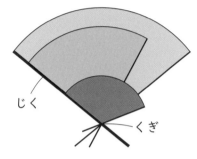

じく
くぎ

開き具合をくらべるのにせんすの大きは関係ない。

かた方のじくからどこまで開いたのかで開き具合の大きさが決まる。

(POINT) 扇子の開き具合を比べるときには，片方の軸（辺）とくぎ（頂点）を重ねて比べることをおさえましょう。ゲームの後に

---

1 扇子ゲームをしよう

 扇子ゲームのルールを説明します

(1) 準備物
　大中小の扇子 (紙を折って作ったものでも良い)

(2) ゲームの方法
　ア　3人1組する。
　イ　3人がそれぞれ大中小の扇子のどれかを選んで持つ。
　ウ　それぞれが，他の2人にはわからないように扇子を開く。
　エ　3人が同時に扇子を出す。
　オ　3人の扇子を比べて，扇子の開き具合が真ん中の人が1ポイントゲットする。

 中の大きさの扇子が，いつも真ん中になると思うな

開き具合を比べるから，扇子の大きさは，関係ないと思うよ

 扇子のじくとくぎを合わせたら，開き具合の大きさが分かる。こうすれば，扇子の大きさに関係なく比べることができる。

T　試しに，3人でやってみましょう。
　　セーノ，ハイ。

片方のじくとくぎを合わせて比べる

じく
くぎ

準備物 ・扇子（大・中・小）
画用紙を折ったもので代用できる

ICT 扇子ゲームのルールを写真や動画を撮影
し，配信して説明することで，子どもは
ゲームの内容を理解して，楽しみながら
「角の大きさ」に触れることができる。

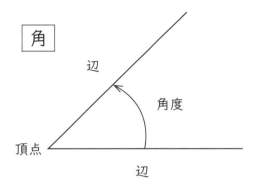

2 角

辺

角度

頂点　　　　　辺

| まとめ | 2つの辺と頂点でできた形を角といいます。
また，その開き具合の大きさを角度といいます。 |

角と角度を定義します。

2 学習のまとめをしよう

T 扇子ゲームでわかったことは何ですか。

C 開き具合を比べるのに扇子の大きさは関係ない。

C 片方の軸からどこまで開いたのかで，開き具合の
大きさが決まることです。

グループ内で交代しながらゲームを何度か行う。ポイント
の数でグループのチャンピオンを決める。

　ゲームを通して，角の大きさは，扇子のじく（辺）の長さに
は関係なく，2つの辺の開き具合で決まることがわかる。

　この内容は，3年生で既習内容だが，角の概念として重要。
ここであらためて学習しておくと，4年生の角度の学習にも
つながる。

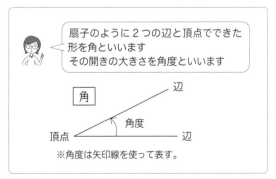

扇子のように2つの辺と頂点でできた
形を角といいます
その開きの大きさを角度といいます

角　　　　　辺

角度

頂点　　　　　辺

※角度は矢印線を使って表す。

　扇子の片方の軸を基準とし，もう片方の軸を少しずつ開い
ていく。そうすると角度（角の大きさ）が大きくなっていく
ことがわかる。

　学習のまとめをする。

本時の目標 角度マシーンを作り，角度を作ったり，角度を写とったりできる。

角度マシーンを作って角を写し取ろう

1

〈自分の角度マシーンを作ろう〉

<作り方>
① 工作用紙を２本切ります。長さは自分の好きな長さにする。（１０cm ぐらい）
② ハトメで工作用紙２本を止める。（工作用紙が回転するように，ゆるく）

2

〈角度マシーンで角度を作ろう〉

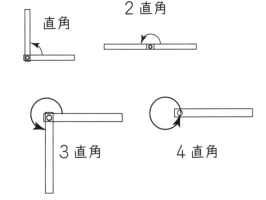

直角　　２直角

３直角　　４直角

---

1 角度マシーンを作ろう

扇子と同じように角度を作ることができる角度マシーンです。角度を写しとることもできるよ

作り方をよく見て作ろう

２本の工作用紙が動いて角度ができる

角度マシーンを作る。

T　作った人は，開いた扇子やハンガーと同じ角度を写してみましょう。

T　その他に教室にあるいろいろな角度を見つけて同じ角度を作ってみましょう。

2 角度マシーンで角度を作ってみよう

T　窓枠の角度を写し取った人がいましたね。（角度マシーンで示して）この角の大きさを何といいますか。

C　直角です。

T　皆さんも角度マシーンで直角を作ってみましょう。それからもっと開いて，半回転した角度を２直角といいます。

C　真っ直ぐの直線でも回転してできた角なんだ。（さらに回転させて）

T　直角が３つ分になったら，３直角。そして，１回転してできた角の大きさは何と言えばいいと思いますか。

C　４直角。

C　もとに戻ったみたいだけど，回転させてできた角度だ。

　　直角をもとにして，角度が表せることにふれておく。

3　〈身のまわりからいろいろな角を見つけて角を写し取ろう〉

角があるところ

> ・ノートや本のかど
> ・時計のはりとはりの間
> ・すべり台
> ・ハンガー
> 　　※児童の意見を板書する。

・頂点（ちょう）を合わせる
・一方の辺を合わせて，もう一方の辺がどこまで回転しているかをくらべる
・辺の長さは角の大きさには関係ない

〈見つけた角を発表しよう〉

・時計のはりとはりの間
・すべり台
・桜の木のえだ分かれ

3　角度マシーンで身の回りの角度をグループで調べて，発表しよう

学校の中のどんなところに角がありますか。
直角以外の角を見つけて，角度マシーンで写しとってみましょう

階段やすべり台に角があります

サッカーゴールのポスト

時計の長い針と短い針の間

角度を角度マシーンを使って写しとれそうな所を何ヶ所か出し合ってから，グループで活動する。

学校の中を探検しながら，角度を見つけて写しとり，発表できるようにする。

T　どんなところに，どんな角度があったのかを発表しましょう。
C　校舎の中の階段の角度を調べました。
C　すべり台の角度を調べました。
C　車椅子のスロープの角度は小さかったです。車椅子で上がり下りができる角度だね。
C　桜の木の枝分かれしているところの角度を調べました。

　子どもたちが，予期しないところの角度を見つけて発表してくれることで，学習が深まる。

　学習の感想を書く。

折り紙分度器を作ってはかろう

1 〈折り紙分度器の作り方〉

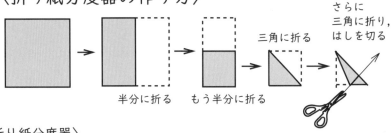

半分に折る　　もう半分に折る　　三角に折る　　さらに三角に折り，はしを切る

〈折り紙分度器〉

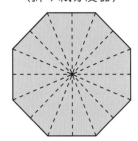

2 〈三角じょうぎの角をはかってみよう〉

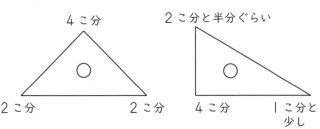

4こ分

2こ分　　　　2こ分

2こ分と半分ぐらい

4こ分　　1こ分と少し

POINT　折り紙を等分に折ってできる任意の個別単位を用いて測定します。こうした活動をするかどうかで，普遍単位や分度器の

---

1 折り紙分度器を作ってみよう

折り紙分度器を提示する。

> このように，同じ角度のものをつなぎ合わせてできた道具があれば，角の大きさを数で表すことができます。
> 『折り紙分度器』を作ってみましょう

折り紙を板書のように折ると，全円を16等分したものができる。紙を重ねて折っていくので，強く押さえて折らないと，紙の厚みで少しずつずれてしまう。折り紙をしっかり折るのがコツ。

折り目をしっかりつけておくと，角を測るときにも便利。

（折り目にそって線を引いておくのもいい。）

2 折り紙分度器で三角定規の角を測ってみよう

T　三角定規のそれぞれの角は，折り紙分度器の折り目，何個分ですか。

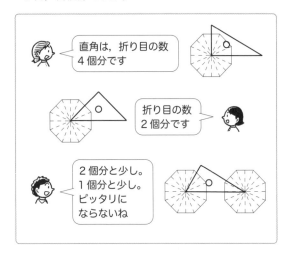

> 直角は，折り目の数4個分です

> 折り目の数2個分です

> 2個分と少し。1個分と少し。ピッタリにならないね

3　〈学校のいろんな角をはかってみよう〉

はかったもの	おり目の数
つくえのかど	4こ分
サッカーゴール	3こ分
かいだん	1こ分と半分
すべり台	1こ分と少し

4

まとめ

・折り紙分度器を使えば，角度を数字で表すことができる。

・ピッタリはかれるように1めもりを小さくしてみよう。

理解に差がつきます。

3 折り紙分度器でもっといろんな角度を測ってみよう

学校の中のいろいろなものの角度も折り紙分度器を使って測ってみましょう

前の時間に角度マシンで調べたところを測ってみようよ

それなら，記録したものを使えばいいね

グループで活動の時間をとる。

「やってみよう②」の学習をして，角度を写とった記録が残っていたら，それを活用する。

家庭学習でも調べて来るように呼びかける。

4 測った角度を発表し，学習のまとめをしよう

グループで測った角度を発表する。

折り紙分度器を使って調べてみて，良かったことはありましたか。困ったことはありませんでしたか

角度が数で言えるようになった。でも，ピッタリ何個分とならないものがあった。ピッタリになったら良いのになあと思った

もっと，折り目を小さくすれば，細かく測れてピッタリになると思った

T　次の時間は，もっと細かく区切ったもので角度が測れるようにしましょう。

　学習のまとめをする。

板書例

角度の単位が使えるようになろう

1 〈世界共通な角度の単位「度」〉

$$1°（1 度）$$

1°をもとにする

2 〈分度器のしくみ〉

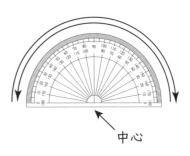

中心

・いちばん小さい 1 めもり「1°」

・めもりが左右から 180°まである

POINT 角度を測るときには，何度ぐらいか予想を立ててから測ることで角度の量感を育てることができます。

---

1 角度の世界共通の単位に「1°（度）」があります

T 長さだったら 1m，重さだったら 1g のように世界共通の単位がありますね。角度にも同じように単位があります。

　昔の人は 1 年を 360 日と考えていました。

　そこから，北極星を中心に 1 日に星が動く角度を 1°と決めたそうです。（諸説あり）

黒板に（全円）分度器を使って 1°をかく。

これが，単位となる「1」です

小さいね。これなら，どんな角度でも表すことができそうだね

この 1°をもとにして角度を数字に表せるね

2 分度器をよく見ると，目盛りはどのようになっていますか。

分度器を配る。子どもたちには全円分度器の方がおすすめだが，ここでは教科書に合わせて半円分度器を使うことにする。

いちばん小さい目盛りは 1°で，10 ずつに数字が書いてある

数字が 180°まである。
直角は 90°だから，2 直角は 180°だね

右からも 180°まであって，左からも 180°まである

どうやって角度を測るのかな。折り紙分度器は円だったけど，これは半円だね

準備物
・分度器（児童用・板書用）
QR ワークシート
QR ふりかえりシート

ICT
分度器での角度の測り方を説明するために写真・動画を撮影し，配信すると，子どもは何度もそれら見返しながら，角度の測り方を理解することができる。

3 〈分度器の使い方〉

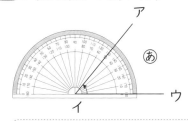

ア

あ

イ

ウ

分度器の中心と角の頂点イを合わせる。
分度器の0°線と，辺イウを合わせる。
0°から辺アイまでのめもりをよむ。

4 ＜工夫して測る＞

お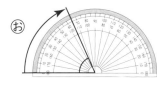

辺に合わせた0°の方からめもりを読む。

き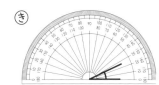

辺が短いときは辺をのばす。
（辺の長さで角の大きさは変わらない）

まとめ

角度の単位　1°（1度）
〈分度器の使い方〉　分度器の中心と角の頂点，0°線と辺を合わせ，
0°からもう一方の辺までのめもりをよむ。

3　分度器を使って角度を測ってみよう

ワークシートを使って学習する。

あの角度を測ってみましょう。
分度器の使い方を説明します

まず，
分度器の中心を，角の頂点①に合わします。
そして，0°の線を辺イウに合わせます。
合わせた線の，0°からずっと見ていって，
辺アイと重なっている目盛りを読みます

　頂点と中心，1つの辺と0°線を合わせて，0°からもう1辺までのめもりを読む。

C　0°に合わせた方から，目盛りを読むんだね。
C　あの角度は50°です。

　　いうえの角度を読んで，分度器の基本的な練習をする。

4　工夫して角度を測ろう

おの角度は115°かな？

0°に合わせている方の目盛りを読むから65°だよ

きは辺が短くて目盛りが読めないよ

辺の長さで角の大きさは変わらないから，辺を伸ばせばいいよ

学習のまとめをする。

ふりかえりシートが活用できる。

角度のたし算ひき算

板書例

ダンプカーの荷台の角度を求めよう

1

はじめに 15°
さらに　45°かたむく

2

図に表す

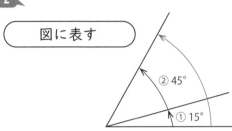

② 45°
① 15°

式　　15° + 45° = 60°

答え　60°

POINT ダンプカーの荷台をイメージすることで，角度のたし算の場面を想起しやすくします。

1 ダンプカーの荷台の傾きは何度になるでしょうか

T　ダンプカーを知っていますか。工事現場などでよく見かけると思いますが，砂利や砂などを運ぶトラックで，荷台が滑り台の様に傾く仕掛けになっています。

C　知っています。荷台を傾けて砂を落としているところを見たことがあります。

T　何度ぐらいに傾けたら，荷台の砂が落ちるでしょうか。

はじめに 15° 傾けましたが，これでは砂が落ちないので，さらに 45° 傾けました。
何度になったでしょうか

はじめに 15°，それから 45° だね

黒板に図をかく

2 ダンプカーの荷台の傾きを計算で求めてみよう

C　15° と 45° を合わせればいいね。

C　式に書くと，15° + 45° = 60°

C　答えは 60° だから，60°に傾いたことになるね。

角度も長さや重さと同じようにたし算ができるね

たし算ができるということはひき算もできるね

T　角度のたし算やひき算ができるのは，どんな場面があるでしょうか。

C　体を前に曲げるときにもできそうです。

C　ピザを切る角度もできそうです。

| 準備物 | QR ダンプカーイラスト
QR ワークシート（ゲーム盤）
・さいころ
QR ふりかえりシート | I
C
T | ふりかえりシートのデータを配信すると，子どもは自分の考えを記入・入力でき，共有機能を使って全体共有しやすくなる。また学習状況の見取りもできる。 | |

3 角度 360°ゲーム

┌ ルール ┐　　　　　　　　　　　　　　┌ ゲームばん ┐

(1) ペアでする。

(2) さいころの角度だけ回転できる。

(3) さいころの数は，

　　黒字　10°，30°，50°，60°，90°　進む

　　赤字　30°　　戻る

(4) 式と，合計何度かを必ず言う

(5) 先に 360°になった方が勝ち。

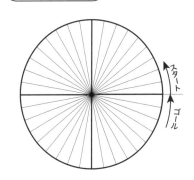

---

3 角度 360°ゲームをしよう

 ┌ 角度 360°ゲームのルールを説明します ┐

(1) 準備物
　　ゲーム盤
　　さいころ（黒字の 10°，30°，50°，60°，90° と赤字の 30°）

(2) ゲームの方法
　　ア　ペアでする。
　　イ　さいころで出た角度だけスタートから回転して進む。
　　　　赤字 30°が出たら，30°もどる。
　　ウ　（今の角度）±（さいころで出た角度）＝（進んだ角度）
　　　　の式を言ってから回転していく。
　　エ　先に 360°になった方が勝ち。
　　　　（360°を通り越してもゴールしたことにする）

※ルールは学級の実態に合わせて変更できる。

(例)　さいころに書いてある数字を変更したり，ゲーム盤に「40°進む」「180°まで戻る」「1 回休み」などを書いておくと面白さが増す。

　角度の式と合計は必ず言う。その都度角度の計算をすることになり，角度の量感を育てることにもなるから。

　　　　　　　　学習のまとめをする。
　　　　　　　　ふりかえりシートが活用できる。

板書例

180°より大きい角のはかり方を考えよう

1

① 180°

㋐

㋐は 60°

式　180° + 60° = 240°

答え　240°

2

② たして求める

150°

式　180° + 150° = 330°

答え　330°

ひいて求める

30°

式　360° − 30° = 330°

答え　330°

(POINT) 180°に補助線をひくというヒントを出すのもいいです。たして求めるか,ひいて求めるか,好きな方でできるようになれ

1　①の角度を測る方法を考えよう

ワークシートを活用して学習する。
まずは,各自で考える時間をとる。

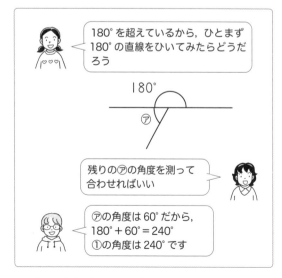

180°を超えているから,ひとまず
180°の直線をひいてみたらどうだ
ろう

180°

㋐

残りの㋐の角度を測って
合わせればいい

㋐の角度は 60° だから,
180° + 60° = 240°
①の角度は 240° です

前時の角度の加減の学習が基礎となる。

2　②の角度を測る方法も考えてみよう

個人やペアで考えてする時間をとる。

T　2つの考え方があるようです。それぞれの方法を
発表してもらいましょう。

①と同じように,180°で線をひき
ました。その線から 150° あったの
で,180° にたしました。
180° + 150° = 330°　としました

1周したら 360° です。
360° よりも何度小さいか測ったら
30° だったので,それをひきました。
360° − 30° = 330°　としました

どちらの方法でも良いことを伝える。

3 〈全円分度器〉

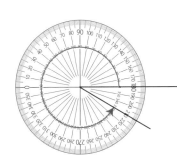

①分度器の中心と角の頂点を合わせる。

②分度器の 0°線と, 1 つの辺を合わせる。

③0°からもう片方の辺までのめもりをよむ。

4 まとめ

> 半円分度器で 180°より大きい角度を測るときは,
> 180°をこえた角度をたしたり,
> 360°にたりない角度をひいたりして求められる。

ばいいでしょう。全円分度器を使う機会もつくりましょう。

3 全円分度器を使ってみよう

T 全円分度器を使えば, たしたりひいたりしなくても角度を求めることができます。

分度器の中心と頂点を合わせるのと, 1 つの辺と 0°の線を合わせるのは同じだね

折り紙分度器と同じように合わせれば測れるから, 便利だ

4 学習のまとめをして, 180°をこえる角度を測る練習をしよう

T 180°よりも大きい角度は, どのようにして求めることができましたか。

180°よりも大きい角度をたして求めました

360°よりも少ない角度をひいて求めました

全円分度器があれば, たしたり, ひいたりしなくても測ることができる

学習のまとめを書き, ワークシートの練習問題をする。

ふりかえりシートが活用できる。

角の作図

板書例

角がかけるようになろう

1 〈50°の角をかいてみよう〉

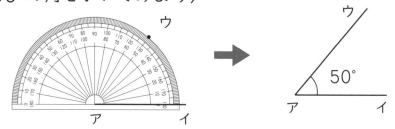

2

> ①　辺アイをひく。
> ②　分度器の中心と角のちょう点アを合わせ，
> 　　0°の線と辺アイを合わせる。
> ③　50°のめもりに点ウをとる。
> ④　辺アウの直線をひく。
> ⑤　50°の角だということをかく。

(POINT) 作図の手順は，子どもたちと一緒に，短い言葉でテンポよく言えるように工夫しましょう。

1 子どもが自分で50°のかき方を考えてかいてみる

個人やペアで考えて解決する時間をとる。

> まずは，1本の直線をひくところから始めよう

> 角度を測るのと同じように，分度器の0°の線と片方の辺を合わせよう

> 角の頂点になるところに分度器の中心を合わせるのも大切だよ

> 分度器の50°の目盛りのところに印をつける

角のかき方を発表した子どもたちの意見をまとめていく。

2 角のかき方を順にまとめよう

> ① 辺アイをひく。
>
> 　　　　　　　ア　　イ
>
> ② 分度器の中心を角の頂点アに合わせる。
> 　 0°の線と辺アイを合わせる。
>
> 　　　　　　　ア　　イ
>
> ③ 0°から見ていき，50°に
> 　 点ウをとる。
>
> 　　　　　　　ア　　イ
>
> ④ 直線アウをひく。
>
>
>
> ⑤ 50°をかいたことを示す。
>
>

3 〈300°の角をかいてみよう〉

Aさんの考え方　　　　　Bさんの考え方

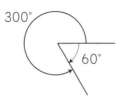

$300° - 180° = 120°$　　　$360° - 300° = 60°$

まとめ
角をかくときに気をつけること
・分度器をずれないように合わせる。
・ていねいに角度の点をとって，直線でむすぶ。

4 〈マスター練習〉

① 75°　　② 100°　　③ 155°　　④ 210°　　⑤ 250°　　⑥ 315°

3　300°の角をかいてみよう

個人やペアで考えてする時間をとる。

T　角度を測ったときと同じように2通りの考え方があります。説明を聞きましょう。

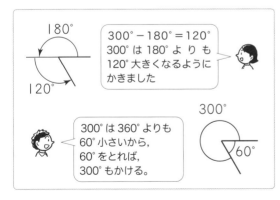

$300° - 180° = 120°$
$300°$ は $180°$ よりも $120°$ 大きくなるようにかきました

$300°$ は $360°$ よりも $60°$ 小さいから，$60°$ をとれば，$300°$ もかける。

学習のまとめをする。

4　角度をかく練習をしよう

T　次の角度をかいてみましょう。

① 75°	② 100°	③ 155°
④ 210°	⑤ 250°	⑥ 315°

透明なシートを使って解答シートを作っておく。子どもたちがかいた角度の上におけば正しくかけているかどうかが，すぐに判断できる。

子ども自身がそれを使って答え合わせをすることもできる。

ふりかえりシートが活用できる。

板書例

三角形をかいてみよう

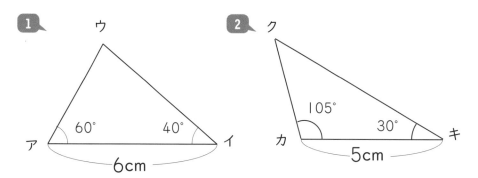

① 辺アイをひく

② 辺の両はしから，角度をとって直線をひく。

③ 交わったところをウにする。
　（交わらなかったら直線をのばす）

④ はかった長さや角度をかく。

POINT 作図をすればするだけ，子どもたちの技能はどんどん上達します。

---

1 三角形アイウのかき方を考えてかいてみよう

個人やペアで考えて解決する時間をとる。

まずは，6cmの直線をひくところから始めよう

頂点アが60°として直線をひく。頂点イが40°として直線をひく。2本の直線が交わるところが頂点ウになる

解答シートを作っておく。教師が答え合わせに使うだけでなく，できた子どもが自分で答え合わせができるようにしておくと良い。

2 三角形のかき方をまとめよう

① 辺アイをひく。　

② 辺の両はしに角度をとり，直線をひく。

③ 直線が交わったところを頂点ウにする。　

④ 測った長さや角度を書いておく。

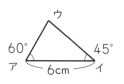

T　かき方がわかったので，三角形カキクをかいてみましょう。

3

〈二等辺三角形〉

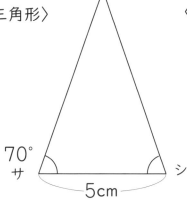

ス

70°
サ
5cm
シ

〈正三角形〉

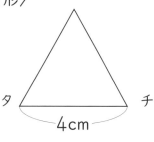

ツ

タ
4cm
チ

4

まとめ

> 三角形をかくときに気をつけること
> ・0°からのめめりをまちがえずに見る。
> ・ていねいに角度の点をとって，直線でむすぶ。
> ・二等辺三角形は2つ，正三角形は3つの角度が同じ。

---

3 二等辺三角形サシスと，正三角形タチツを かいてみよう

個人やペアで考えて解決する時間をとる。

 シの角度を教えてください

三角形サシスは，二等辺三角形だから， 2つの角は同じだよ。だから，シも70°

 正三角形は3つの角度が同じだから， タチツの角は全て60°だね

正三角形の作図は，辺の長さだけでもかけることをふりか えり，角度を使ってかいた正三角形も辺の長さが等しいこと を確かめる。

ここでも解答シートを作っておいて活用する。

4 学習のまとめをしよう

Ｔ　角度を使って三角形をかくときに，どんなことに 気をつければいいと思いましたか。

 直線の両端の角度を測るから，目盛りの 見間違いをしないように，0°から目盛り を見るようにする

1°ずれても三角形の形が違ってしまう から丁寧にかかないといけない

 二等辺三角形や正三角形は，同じ角度が あることを知っておくことも大切

学習のまとめをする。

ふりかえりシートが活用できる。

板書例

三角じょうぎを組み合わせてできる角度

1 〈三角じょうぎの角〉

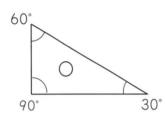

2 〈合わせてできる角〉

①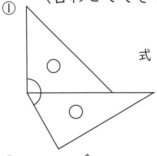

式　90° + 60° = 150°

答え　150°

②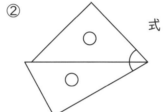

式　45° + 30° = 75°

答え　75°

POINT　三角形の角度の基礎からはじめて，三角定規を組み合わせてできる角度へと学習を進めます。そして，調べる学習へと，

---

1 三角定規の角を知ろう

ワークシートを使って学習できる。

> 三角定規の角度を確かめておきましょう

90°　45°　45°　60°　90°　30°

> 自分たちの三角定規も，黒板の大きい三角定規も同じ角度だね

T　はじめて学習するので，黒板を見たら何度かわかるようにしておきます。

　向きが変わったら，角度を間違えることもあるので気をつけましょう。

2 三角定規を合わせた角度を求めよう

T　まずは，三角定規2枚を重ねないで，合わせてできる角度を調べましょう。

　個人やペアで考えて解決する時間をとる。

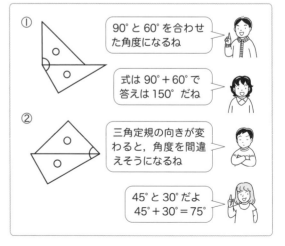

①
> 90°と60°を合わせた角度になるね

> 式は 90° + 60° で答えは 150° だね

②
> 三角定規の向きが変わると，角度を間違えそうになるね

> 45°と30°だよ 45° + 30° = 75°

準備物
・板書用三角定規
QR ワークシート
QR ふりかえりシート

ICT ワークシートのデータを配信すると, 子どもは ICT を活用して自分の考えを記入・入力でき, 共有もしやすくなる。但し大問3は, 図をノートや白紙にかくとよい。

3 〈重ねたりならべたりしてできる角〉

① 　式　$45° - 30° = 15°$

答え　15°

② 式
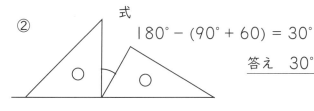　$180° - (90° + 60°) = 30°$

答え　30°

4

三角じょうぎを使ってできる角度は, 全部 $15° × \square$ の大きさ

$15° × 1 = 15°$	$15° × 7 = 105°$
$15° × 2 = 30°$	$15° × 8 = 120°$
$15° × 3 = 45°$	$15° × 9 = 135°$
$15° × 4 = 60°$	$15° × 10 = 150°$
$15° × 5 = 75°$	$15° × 11 = 165°$
$15° × 6 = 90°$	$15° × 12 = 180°$

本当か調べてみよう

はてなはかせ

まとめ　三角じょうぎを組み合わせた角は, たしたりひいたりして求めることができる。

学びを深めていきましょう。

3 三角定規を重ねたり, 直線上に並べたりしてできる角度を求めよう

個人やペアで考えて解決する時間をとる。

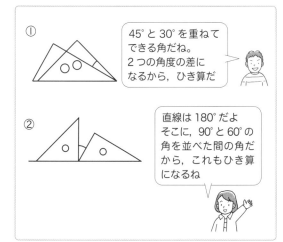

① 45° と 30° を重ねてできる角だね。2 つの角度の差になるから, ひき算だ

② 直線は 180° だよそこに, 90° と 60° の角を並べた間の角だから, これもひき算になるね

4 はてな博士のいうことは本当か, 調べてみよう

三角定規を使ってできる角度は, 全部 $15° × \square$ の大きさになっておる。

$15° × 1 = 15°$	$15° × 7 = 105°$
$15° × 2 = 30°$	$15° × 8 = 120°$
$15° × 3 = 45°$	$15° × 9 = 135°$
$15° × 4 = 60°$	$15° × 10 = 150°$
$15° × 5 = 75°$	$15° × 11 = 165°$
$15° × 6 = 90°$	$15° × 12 = 180°$

T　皆さん。算数はてな博士のいうことは本当だと思いますか。

C　確かに今までの答えは, 全てあてはまるね。

C　他の場合もそうなのかやってみよう。

学習のまとめをする。

ふりかえりシートが活用できる。

ルーレットの針の動きでできる角度

板書例

ルーレットのはりの動きを角度で表そう

1

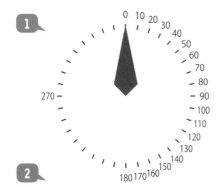

2

〈2 回転と 30° を角度で表す〉

・360° + 360° + 30° = 750°

・360° × 2 + 30° = 750°

3

| 回転…360°

〈フィギュアスケート選手の回転〉

・3 回転
　360° × 3 = 1080°

・4 回転
　360° × 4 = 1440°

・4 回転半
　360° × 4 + 180° = 1620°

POINT　単元の最後に，角度は回転した量ということを強く意識づける学習内容になっています。

---

1 角度を表すルーレットを使ってみよう

ルーレットに角度をかいた画用紙を上から貼る。

T　みんなはルーレットを知っていますか。（実物を見せる）よくゲームなどで使いますね。

C　知っています。針を回して針が止まったところの数だけ進んだりするよ。

T　改良して角度を表すルーレットにしました。

はじめの針の位置を 0° にして，針を回転させます。（回転してみせる）そして，針が止まったところを見ます

280° のところで止まってる

針は 280° 回転したということだ

スタートの位置には，握力計のときと同じように，もとの針の形をかいておき，針が動いたところまでの角度を読む。

2 ルーレットを回して，針がどれだけ回転したかをいいましょう

ルーレットを回す

T　ルーレットは 2 回転と 30° で止まりました。

1 回転で 360° だから，2 回転なら 720° ということかな

そんな大きな角があるわけない。だって，360° 回ったら，元の場所に戻ってるのだから

T　角度には 360° 以上の角度があります。2 回転，3 回転，4 回転 … は 360° 以上の角度で表すことができます。

C　フィギュアスケートで，3 回転とか 4 回転のジャンプをしているよね。

4 〈時計のはりの回転の角度〉

秒しん（長しん）…1分間に1回転（360°）

・1時間

1時間＝60分間　　60回転

$360° \times 60 = 21600°$

秒しんは，1時間で21600°回転している

まとめ

> 角度は，回転した大きさだから
> 360°以上の角度もある

3 360°より大きい角度を求めよう

T　2回転と30°の角度を求めてみましょう。

C　360°×2＋30°になるから，750°。750°回転したことになります。

T　フィギュアスケートの3回転や，4回転だとどれだけ回ったことになりますか。

> 3回転だと，
> 360°×3＝1080°
> 4回転だと，
> 360°×4＝1440°

> 4回転半を成功したと聞いたよ。4回転半は
> 1440°＋180°，すごい！
> 1620°も回転したことになる

4 時計の針が何回転しているか考えよう

T　時計の針を見てください。時計の秒針（長針）は，1分間に何回転していますか。

C　1回転だから，360°回転しています。

T　では，1時間では何回転しているでしょう。

> 1時間は60分間だから，60回転しています

> 角度になおすと，21600°回転していることになるんだね

C　全円分度器でも360°しかないけれど，回転で考えるとそれ以上の角度も存在するのですね。

学習のまとめをする。

名
前
_____

角度の 360° ゲーム

〔 ゲームばん 〕

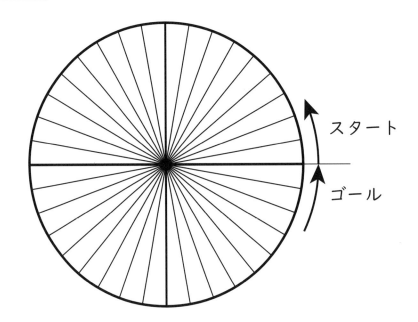

スタート

ゴール

〔 ルール 〕

(1) ペアでする。

(2) さいころの角度だけ回転できる。

(3) さいころの数は，

黒字　10°，30° 50° 60° 90°　進む

赤字　30°　戻る　（サイコロは立方体積木を利用する）

(4) 式と，合計何度かを必ず言う。

(5) 先に 360° になった方が勝ち。

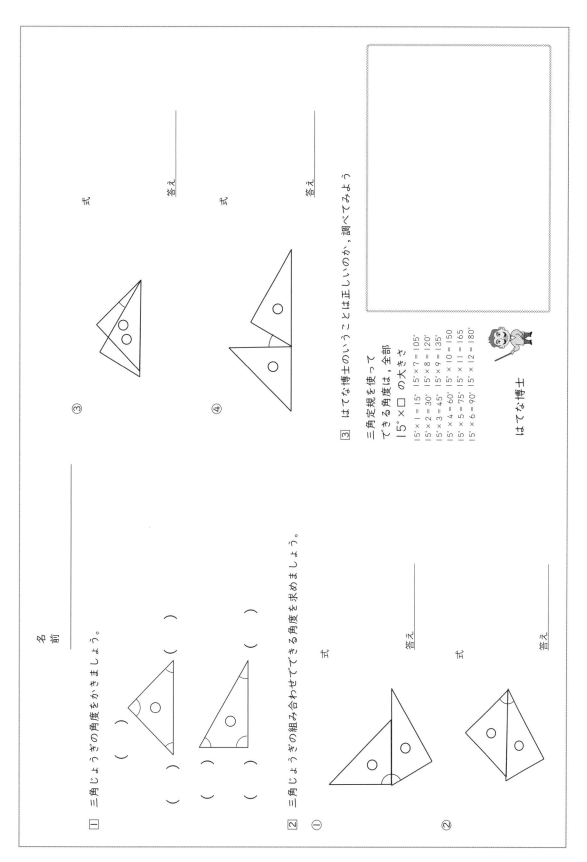

名前 _____

① 三角じょうぎの角度をかきましょう。

② 三角じょうぎの組み合わせでできる角度を求めましょう。

①
式
答え _____

②
式
答え _____

③
式
答え _____

④
式
答え _____

③ はてな博士のいうことは正しいのか，調べてみよう

三角定規を使って
できる角度は，全部
15°×□ の大きさ

15°×1＝15°　　15°×7＝105°
15°×2＝30°　　15°×8＝120°
15°×3＝45°　　15°×9＝135°
15°×4＝60°　　15°×10＝150
15°×5＝75°　　15°×11＝165
15°×6＝90°　　15°×12＝180°

はてな博士

小数のしくみ

◎ 学習にあたって ◎

<この単元で大切にしたいこと>

　量には，りんごや鉛筆，人などのように「1, 2, 3…」と数えられる量（分離量）と，水のかさやひもの長さ，重さなどのように数えられない量（連続量）があります。数えられない量を数えようとしたとき，単位が生まれます。単位で測ると，きっちり測りとれて整数で表せることはまれで，普通は「半端」がでます。この半端を表す方法として生まれたのが小数と分数です。

　まず，小数とはどんな数かということを学習します。

　1L ますで測って出た半端は，1L を 10 等分した 0.1L のますで測ります。そこで，また半端が出れば，0.1L のますを 10 等分した 0.01L のますで測ります。また半端が出たら，0.01L ますを 10 等分して…というように，元の単位を 10 等分した小さな単位で測るという操作を繰り返して，小数が生まれてきたことが理解できるようにします。

　整数は 10 をひとまとめにして 1 → 10 → 100 → 1000…と数が大きくなりますが，小数は 10 等分を繰り返して，数が小さくなります。小数も整数と同じ十進数のしくみを持っています。このことの理解が基礎になります。

<数学的見方考え方と操作活動>

　小数も整数と同様に位取りがあります。この指導にブロックを使います。ブロックを使うと位取りが一目でわかります。教具として「小数ます」を使うとブロック化がスムーズにできます。

　小数の大小比較をするときは数直線も使います。数直線の指導では，1 目盛りの大きさの読み取りがポイントになります。

<個別最適な学び・協働的な学びのために>

　かさ，長さ，重さなどの量を，小数を使って 1 つの単位で表すことの良さを学び，それを生かして小数のたし・算ひき算の問題（お話）作りができるようになります。そして，小数が生活に結びつく場面を互いに出し合いながら協働的な学びができるようにします。

◎ 評　価 ◎

知識および技能	$\frac{1}{1000}$ の位までの小数の表し方や，小数の加減法，小数のしくみを理解し，小数のいろいろな表し方や加減法の計算ができる。
思考力，判断力，表現力等	$\frac{1}{1000}$ の位までの小数の仕組みや相対的な大きさが表現できる。
主体的に学習に取り組む態度	$\frac{1}{1000}$ の位までの小数の表し方や，小数の加減法，小数のしくみについて知ろうとしている。

時	題	目　標
1	小数で表す (かさ)	0.1L より小さい単位の表し方を知り，小数第 3 位までの小数の書き方，読み方を理解する。
2	小数で表す (長さ)	長さを小数で表せることが分かり，数直線上の小数を読んだり，小数を数直線上に表したりできる。
3	小数のしくみ	1 と 0.1，0.01，0.001 の関係や小数の構成がわかる。
4	小数の位取りのしくみ	小数の位取りのしくみについて理解する。
5	小数の大小関係	小数の大小関係について理解するとともに，小数を数直線上に表して確かめることができる。
6	小数の相対的な大きさ	小数の相対的な大きさについて理解する。
7	小数を 10 倍，100 倍した数や $\frac{1}{10}$，$\frac{1}{100}$ にした数	小数を 10 倍，100 倍した数や $\frac{1}{10}$，$\frac{1}{100}$ にした数について理解する。
8	小数のたし算	小数のたし算の筆算の仕方がわかり，その計算ができる。
9	小数のひき算	小数のひき算の筆算の仕方がわかり，その計算ができる。
10	小数の文章問題作り	小数のひき算の間違いが直せる。 小数のたし算ひき算の文章問題を作ることができる。
11	小数のいろいろな表し方	小数をいろいろな方法で表すことができる。

小数で表す（かさ）

板書例

クイズ　やかんの水は何Lでしょうか

1
〈①　やかんの水のかさ〉

予想　2L5dL ＝ 2.5L　　など

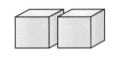

1L　10等分→　0.1L

結果
1Lが2こ，0.1Lが3こ
2.3L

2
〈②　ペットボトルの水のかさ〉

予想　1.2L，1.4L　　など

0.1L　　0.01L　　0.001L

0.1L　10等分→　　10等分→

3
はんぱが出たら
10等分した単位で表す

POINT　ますの目盛りを10等分することよりも，10等分したますを使って測る方が小数の仕組みを印象深く学習することができ

1　やかんの水は何Lか予想してみよう

C　2Lかな。

T　ピッタリとは限らないよ。

C　2L5dL。

T　「何Lか」だから，使える単位はLだけにしましょう。

C　2.5L。

T　そう。小数を使って表しましょう。

予想を出し合う。
みんなが予想できたら，実際に測ってみる。

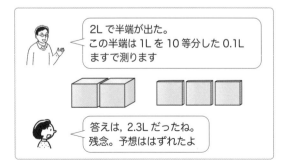

2Lで半端が出た。
この半端は1Lを10等分した0.1L
ますで測ります

答えは，2.3Lだったね。
残念。予想ははずれたよ

水には，食用色素で色をつけておくと良く見える。

2　ペットボトルの水は何Lか予想してみよう

予想を出し合い，みんなの関心が高まったところで測り始める。

T　1Lますで測って半端が出ました。どうしたら良いですか。

C　1Lを10等分した0.1Lますで測る。

0.1Lますで測っても半端が出たら
さて，どうすれば良いですか

0.1Lますを10等分したますで測
ればいいけど，あるのかな

10等分

0.1Lますを10等分したますがある！
0.01Lますというんだね

0.1Lますで測っても，測り切れず，まだ半端が出るようにしておく。

| 1L | 0.1L | 0.01L | 0.001L |

4 1Lが1こ　0.1Lが2こ　0.01Lが4こ 0.001Lが3こ

結果　ペットボトルの水のかさ

1.243L（いってん　に　よん　さん）リットル

まとめ

小数の表し方
　ぴったり整数で表せないで，はんぱが出たら，その10等分した単位で表す。
　それでもはんぱが出たら，さらに10等分を繰り返して，より小さな単位で表す。

ます。

3　またまた半端が出たら，どうしたらいいかな。

また，10等分したますを使えばいいと思うけど，そんなのあるはずないよね

それが，あるのですよ。0.01Lますを十等分した0.001Lますです

│ → □　10等分

0.001Lますを使って，半端がないように測りきることができたね

測った結果を板書用ブロック図で並べる。

4　測った結果と小数の仕組みをまとめよう。

T　ペットボトルの水の量をそれぞれの位ごとにまとめてみましょう。

C　1Lが1個，0.1Lが2個，0.01Lが4個，0.001Lが3個。合わせると 1.243L

T　どう読めばいいでしょうか。読み方は（いってんによんさんリットル）です。みんなで読んでみましょう。

C　ペットボトルの水の量は 1.243L でした。

T　小数の仕組みを説明しましょう。

C　小数は半端が出たら，その10等分，さらに半端が出たら，その10等分。さらに半端が出たら，10等分としていく数の仕組みで表します。

C　逆に言えば，10集まったら上の位になるということです。

C　整数と同じ仕組みだね。

　　学習のまとめをする。
　　ふりかえりシートが活用できる

第 ② 時

小数で表す（長さ）

本時の目標　長さを小数で表すことが分かり，数直線上の小数を読んだり，小数を数直線上に表したりできる。

板書例

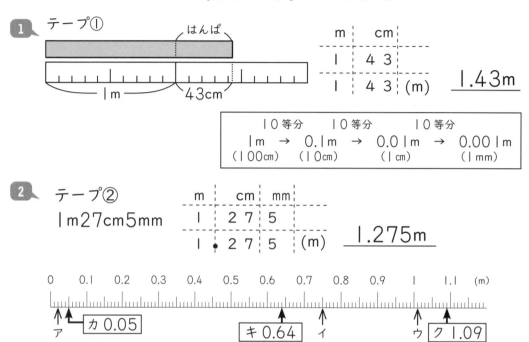

クイズ　テープの長さは何 m だろう

1 テープ①

m	cm	
1	4 3	
1	4 3	(m)

1.43m

	10等分		10等分		10等分	
1m	→	0.1m	→	0.01m	→	0.001m
(100cm)		(10cm)		(1cm)		(1mm)

2 テープ②

1m27cm5mm

m	cm	mm
1	2 7	5
1・	2 7	5	(m)

1.275m

POINT　長さを小数で表すことから，数直線の学習に結びつけていきましょう。

1 テープ①の長さを測って m で表そう

テープを 1 本 (1.43m) 用意し黒板に提示する。

T　テープの長さを 1m の長さで測ってみます。

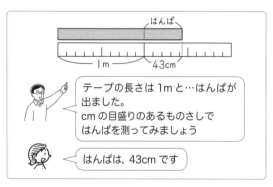

テープの長さは 1m と…はんぱが出ました。
cm の目盛りのあるものさしではんぱを測ってみましょう

はんぱは，43cm です

T　1m43cmを m で表しましょう。

C　10cmは 1m（100cm）の 10 等分だから 0.1m。

　1m（100cm）の 10 等分は 10cmで 0.1m，10cmの 10 等分は 1cmで 0.01m ということを，前の時間の学習をふまえて導き出す。

C　1m43cmは，1.43mになります。

2 グループでテープ②の長さを mm の単位まで測り，m の単位で表そう

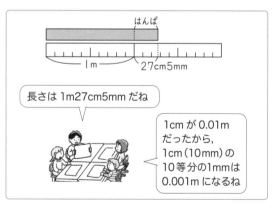

長さは 1m27cm5mm だね

1cm が 0.01m だったから，1cm（10mm）の 10 等分の 1mm は 0.001m になるね

1mmが 0.001m になることを確認する。

C　1m27cm 5mmだから，m の単位だけを使うと1.275m です。

C　小数を使うと，1 つの単位で表すことができるね。

数直線（単位 (m)）
0　0.1　0.2　0.3　0.4　0.5　0.6　0.7　0.8　0.9　1　1.1　(m)

ア　カ 0.05　キ 0.64　イ　ウ　ク 1.09

106

| 準備物 | ・紙テープ（板書用　児童用）・1mものさし
・板書用数直線（作っておくと便利）
QR ワークシート
QR ふりかえりシート | ICT | ワークシートのデータを配信すると，子どもは考えを直接記入・入力でき，全体共有しやすくなる。また，教員は子どもたちの学習状況を見取りやすくなる。 | |

3 〈数直線を見て考えよう〉

① いちばん小さいめもり　0.01m

② 数直線のめもりを読もう

ア　0.02m　　　　　イ　0.75m　　　　　ウ　1.01m

エ　1.86m　　　　　オ　2.09m

③ 数直線に表そう

カ　0.05m　　　　　キ　0.64m　　　　　ク　1.09m

ケ　1.55m　　　　　コ　2.01m

まとめ

> 長さも1mぴったりにならなかったら，1mを10等分した0.1m，さらに10等分した0.01m，それを10等分した0.001mの長さで表すことができる。

---

3 数直線を見て，答えましょう

　　ワークシートを使って，数直線の読み方，表し方を学習する。

T　ア～オの目盛りを読みましょう。

T　数直線の目盛りを読むときに最も大切なことは，いちばん小さい1目盛りはいくつなのかを読み取ることです。

　　この数直線の場合は，どうですか。

C　0.1mの10等分だから，0.01mです。

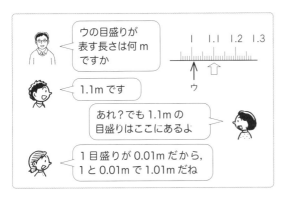

T　数直線の読み取りの学習ができたので，次は数直線に数を表してみます。

　　カ～コの数を目盛りに表しましょう。

　学習のまとめをする。

　ふりかえりシートが活用できる

第 3 時
小数のしくみ

<table><tr><td>本時の目標</td><td>1 と 0.1，0.01，0.001 の関係や小数の構成が
わかる。</td></tr></table>

板書例

小数のしくみを調べよう

1 〈図に表して考えよう〉

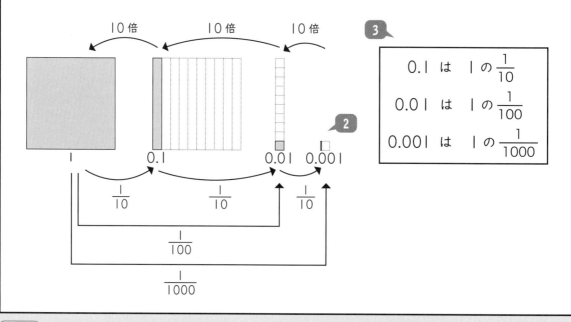

3

$$0.1 \ は \ 1 \ の \ \frac{1}{10}$$

$$0.01 \ は \ 1 \ の \ \frac{1}{100}$$

$$0.001 \ は \ 1 \ の \ \frac{1}{1000}$$

POINT　小数ブロック（図）を使えば，小数も整数と同じように十進法になっていることが一目瞭然です。

1　1 と 0.1 の大きさの関係を説明しよう

ワークシートを使って学習する。
黒板に「1」のブロック図を提示する。

T　この正方形が 1 の大きさとして，0.1 の大きさ
　をかきましょう。それはどんな大きさですか。

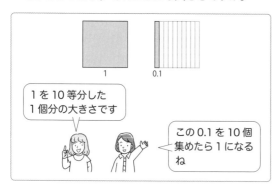

黒板の「1」の横に「0.1」の図を掲示する。

T　1 と 0.1 はどんな関係になっていますか。
C　0.1 は 1 を 10 個に分けた 1 個分だから 1 の $\frac{1}{10}$ です。
C　1 は 0.1 の 10 倍ともいえます。

2　0.01，0.001 の大きさも図にしてみよう

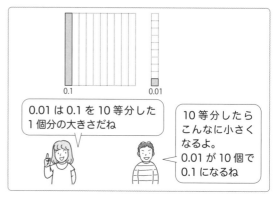

T　次は 0.001 の大きさをかきましょう。
C　0.01 を 10 等分した 1 個分の大きさだね。
　小さくなるけどかけるかなぁ。

　0.01 の大きさの正方形をはさみで 10 等分する。
　（または，0.001 を線にして表す）

　0.01 と 0.001 のブロック図を掲示し，0.1 と 0.01 の関係，
　0.01 と 0.001 の関係（10 倍，$\frac{1}{10}$）を確認する。

| 準備物 | ・小数ブロック（1，0.1，0.01，0.001）
・位の部屋
[QR] ワークシート
[QR] ふりかえりシート | I C T | スライド機能を使って小数ブロックの代用となる図を作成し，配信すると，図を複製したり移動させたりして，操作することを通して学び，記録として残せる。 | |

4 〈2.453 のしくみを考えよう〉

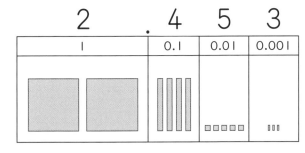

2 . 4 5 3

| 1 | 0.1 | 0.01 | 0.001 |

| が | 2 | こ
0.1 | が | 4 | こ
0.01 | が | 5 | こ
0.001 | が | 3 | こ

1 が 2 こ
0.1 が 4 こ
0.01 が 5 こ
0.001 が 3 こ

まとめ

小数も整数と同じように 10 倍，$\frac{1}{10}$ ごとに位を変えて表される。

---

3 1 と 0.01，0.001 の関係を考えよう

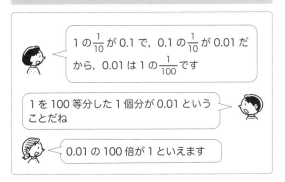

1 の $\frac{1}{10}$ が 0.1 で，0.1 の $\frac{1}{10}$ が 0.01 だから，0.01 は 1 の $\frac{1}{100}$ です

1 を 100 等分した 1 個分が 0.01 ということだね

0.01 の 100 倍が 1 といえます

T　同じように 1 と 0.001 の関係を考えましょう。

C　0.001 の 10 倍の 10 倍の 10 倍が 1 だから，0.001 を 1000 倍すると 1 になります。

C　1 の $\frac{1}{1000}$ が 0.001 です。

ブロック図を見ながら小数の関係を確認する。

4 2.453 は，1，0.1，0.01，0.001 をそれぞれ何個集めた数ですか

子どもたちの意見を聞きながら黒板に小数ブロックを並べていく。

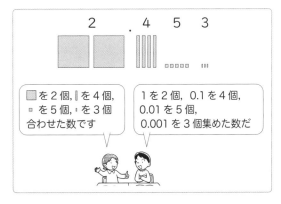

2 . 4 5 3

■を 2 個，▥を 4 個，▫を 5 個，▪を 3 個合わせた数です

1 を 2 個，0.1 を 4 個，0.01 を 5 個，0.001 を 3 個集めた数だ

「1，0.1，0.01，0.001 の部屋を作るともっとわかりやすい。」と言って位の部屋を作って表す。
これが次時の学習につながる。

学習のまとめをする。

ふりかえりシートが活用できる

第 **4** 時
小数の位取りのしくみ

目標 本時の | 小数の位取りのしくみについて理解する。

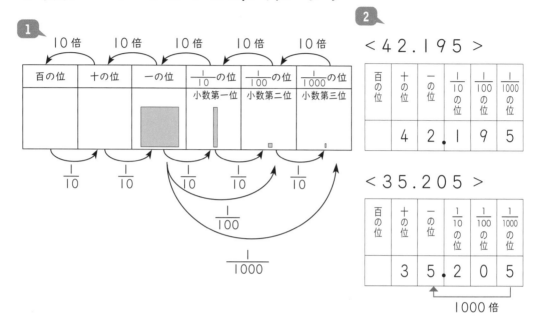

板書例

小数についてもっと深く知ろう

POINT これまで「小数のしくみ」で学習してきたことを小数カードを使ったゲームで楽しく習熟できるようにします。

---

1 小数の位の名前を知り, 図にも書きましょう

ワークシートを使って学習する。

T 小数の位に名前を書いて, 図をかきましょう。

0.1 が $\frac{1}{10}$ の位なら 0.01 は $\frac{1}{100}$ の位になるね

0.001 は 0.01 の $\frac{1}{10}$ だから $\frac{1}{1000}$ の位になるだろうね

T $\frac{1}{10}$ の位を小数第一位, $\frac{1}{100}$ の位を小数第二位, $\frac{1}{1000}$ の位を小数第三位ともいいます。

C 小数も整数と同じように, 左側へ行くと 10 倍になって, 位が 1 つ上がっています。

C 整数と同じで, となりの位との関係は, 10 倍 $\frac{1}{10}$ の関係になっています。

---

2 42.195 という数について, 何の位の数字かを調べよう

T 42.195 について調べましょう。4 と 9 は, それぞれ何の位の数字でしょう。
また, $\frac{1}{10}$ の位 $\frac{1}{1000}$ の位の数は何でしょう。

4 は十の位, 9 は $\frac{1}{100}$ の位の数字です

$\frac{1}{10}$ の位の数字は1で, $\frac{1}{1000}$ の位の数字は5です

位取り表を使えばすぐにわかるね

T 35.205 についてもワークシートの問いに答えましょう。

0 は何の位の数字ですか。また, 一の位の 5 が表す大きさは, $\frac{1}{1000}$ の位の 5 が表す大きさの何倍ですか。

位取り表を使って答えを確かめる。

110

まとめ

> 小数も整数も 10 ずつで位が変わる（十進法）
> 数字が書かれている位で，数の大きさが決まる。

3 〈小数カードゲームをしよう〉

（れい）小数カルタとり

読みふだ

にてんさんに

取りふだ

　2.32

3　小数カードを使ってゲームをしよう

小数を表す「図」「数字」「読み方」の 3 種類のカードを準備する。

　2.32　に てん さん に

カードは小さい方から，

0 , 0.02 , 0.03 , 0.2 , 0.23 , 0.3 , 0.32 , 2 , 2.03 , 2.3 , 2.32 , 3 , 3.02 , 3.2 , 3.23
15 種類の数で，3 × 15 = 45 まいある。

ゲーム① 　小数カルタとり

① 　図と数字のカードが取り札になる。机の上にバラバラに広げる。
② 　読み札を読んだら，図と数字のカードを取る。
（1 人で 2 枚取ることもできるが，1 人 1 枚という制限を作っておく方法もある。）

ゲーム② 　小数神経衰弱

① 　2 種類のカードを選んで机の上に，裏にして広げる。(3 種類でもできる)
② 　トランプの神経衰弱と同じルールで行う。
2 枚めくって同じ数だったらカードがゲットできる。

ゲーム③ 　大きい方が勝ちゲーム

① 　全てのカードを裏にして真ん中に積む。
② 　順番に 1 枚ずつ取って，表にする。
③ 　いちばん大きい数だった人が表にしたカードを全部取る。

「カード並べ」「大小ゲーム」については本書 p126 を参照。(QR コードから取り出すこともできる)

学習のまとめをする。

ふりかえりシートが活用できる

小数の大小関係

板書例

小数の大きさをくらべよう

[㋐ 2.57　㋑ 2.549　㋒ 2.55　㋓ 2.541]

1

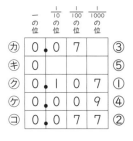

	一の位	$\frac{1}{10}$の位	$\frac{1}{100}$の位	$\frac{1}{1000}$の位	
㋐	2	5	7		①
㋑	2	5	4	9	③
㋒	2	5	5		②
㋓	2	5	4	1	④

2 **3**

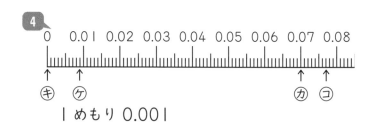

0.001
1めもり

[㋕ 0.07　㋖ 0　㋗ 0.107　㋘ 0.009　㋙ 0.077]

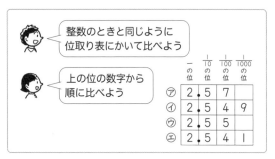

	一の位	$\frac{1}{10}$の位	$\frac{1}{100}$の位	$\frac{1}{1000}$の位	
㋕	0	0	7		③
㋖	0				⑤
㋗	0	1	0	7	①
㋘	0	0	0	9	④
㋙	0	0	7	7	②

4

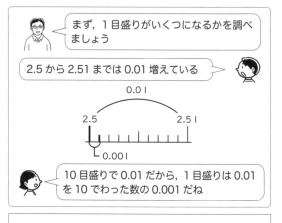

1めもり 0.001

POINT　数直線の読み取りのポイントは，1目盛りがいくつになっているかを見極めることです。

---

1 小数の大きさを比べよう

ワークシートで学習する。

T　どうやって比べたらいいかグループで考えましょう。

㋐ 2.57　㋑ 2.549　㋒ 2.55　㋓ 2.541

> 整数のときと同じように位取り表にかいて比べよう

> 上の位の数字から順に比べよう

	一の位	$\frac{1}{10}$の位	$\frac{1}{100}$の位	$\frac{1}{1000}$の位
㋐	2	5	7	
㋑	2	5	4	9
㋒	2	5	5	
㋓	2	5	4	1

C　一の位はどれも 2 で，$\frac{1}{10}$ の位はどれも 5 だから，$\frac{1}{100}$ の位の数で比べないといけない。

C　$\frac{1}{100}$ の位が 4 で同じ㋑と㋓は $\frac{1}{1000}$ の位で比べよう。

　小数も整数と同じように，上の位の数字から大小を比べたらよいことに気づかせたい。

2 数直線の1目盛りの大きさを確かめよう

> まず，1目盛りがいくつになるかを調べましょう

> 2.5 から 2.51 までは 0.01 増えている

0.01

2.5　　　　　　2.51

0.001

> 10 目盛りで 0.01 だから，1目盛りは 0.01 を 10 でわった数の 0.001 だね

<数直線でのポイント>
〜1目盛りを読み取ること〜

① 10目盛りでいくつ増えているかを調べる。

② 増えた数を 10 でわって，1目盛りの大きさを出す。

③ 数直線の1目盛りに数を書き入れておく。

準備物	・板書用数直線 (あると便利)
	QR ワークシート
	QR ふりかえりシート

I C T	表計算機能等を使って数直線を作成して残しておくと，数値を変えて何度も反復練習ができ，学習内容の定着につなげることができる。

まとめ
・大小をくらべるときは，整数と同じように，上の位からくらべる。
・数直線は，いちばん小さなめもりがいくつを表しているかを読み取ることから始める。

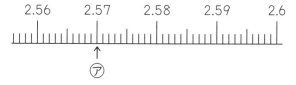

エ < イ < ウ < ア

キ < ケ < カ < コ < ク

3　数直線で数の大小を確かめよう

T　数直線上にア〜エの数を表してみましょう。

　　各自で解決した後，代表の子どもが黒板の数直線に書き入れ，それを全体で確認する。

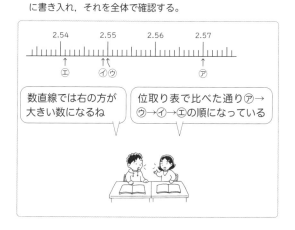

数直線では右の方が大きい数になるね

位取り表で比べた通りア→ウ→イ→エの順になっている

$\frac{1}{1000}$ の位までの数直線は目盛りが小さく，子どもたちにとってはとても難しい学習になるので，ICT を活用して，数直線を拡大して使用できるようにする。

4　次の 5 つの小数の大きさを比べて，大きい順に並べよう

　カ 0.07　キ 0　ク 0.107　ケ 0.009　コ 0.077

C　位取り表を使って上の位の数から比べよう。

C　大きい順に　ク→コ→カ→ケ→キです。

C　数直線を使って大きさを確かめよう。

0 から 0.05 までが 5 目盛りだから，大きな 1 目盛りは 0.01 になるね

10 目盛りで 0.01 だから，いちばん小さい 1 目盛りは 0.001 になるね

数直線にカキクケコの数を書き入れて確かめよう

学習のまとめをする。
ふりかえりシートが活用できる

板書例

0.01（0.001）を何こ集めた数でしょうか

1 〈2.35 は 0.01 を何こ集めた数ですか〉

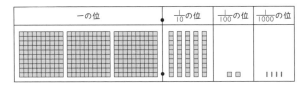

0.01（□）が何こあるかな？

2	は0.01	が 200 こ
0.3	は0.01	が 30 こ
0.05	は0.01	が 5 こ
2.35 は0.01		が 235 こ

2 〈3.524 は 0.001 を何こ集めた数ですか〉

0.001（∣）が何こあるかな？

3	は0.001 が	3000 こ
0.5	は0.001 が	500 こ
0.02	は0.001 が	20 こ
0.004	は0.001 が	4 こ
3.524 は0.001 が		3524 こ

POINT はじめは図を使って 0.01 が何こあるかを考えると，小数の相対的な大きさを視覚できる。それを位取り表を使った方法に

1 **2.35 は 0.01 を何個集めた数か，図を見て考えよう**

ワークシートを活用して学習する。
2.35 の小数ブロックを提示する。

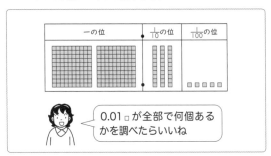

0.01 □ が全部で何個あるかを調べたらいいね

T 位ごとにそれぞれ 0.01 の何個分かを調べよう。

C 0.05 は簡単です，0.01 の 5 個分です。

C 0.1 は 0.01 の 10 個分だから，0.3 は 0.01 の 30 個分です。

C 1 は 0.01 が 100 個分だから，2 は 0.01 の 200 個分です。

T 全部で 0.01 はいくつになりますか。

C 2.35 は 0.01 を 235 個集めた数です。

2 **3.524 は 0.001 を何個集めた数か，図を見て考えよう。**

3.524 の小数ブロックを提示する。

C それぞれの位の数が 0.001 の何個分かを考えよう。

C 0.01 は 0.001 の 10 個分です。

C 0.1 は 0.001 の 100 個分です。

C 1 は 0.001 の 1000 個分です。

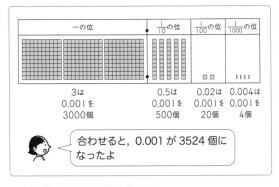

合わせると，0.001 が 3524 個になったよ

位ごとの 0.001 の数を合わせる。

<table>
<tr><td rowspan="2">準備物</td><td>・位取り表
・小数ブロック
QR ワークリシート
QR ふりかえりシート</td><td rowspan="2">ICT</td><td>表計算機能を使って位取り表を作り，配信すると，子どもは小数点の位置を意識しながら記入し，小数の表し方や数の大きさについて理解を深めることができる。</td><td rowspan="2"></td></tr>
</table>

3 〈位取り表を使って考えよう〉

0.01 を何こ集めた数？　　　　0.001 を何こ集めた数？

⑧ 8.16　　　⑩ 0.52　　　③ 9　　　　　⑦ 1.248　　　　⑧ 0.1

816 こ　　　52 こ　　　900 こ　　　1248 こ　　　100 こ

4 0.01 を 147 こ集めた数？　　　　0.001 を 147 こ集めた数？

　1.47　　　　　　　　0.147

まとめ　ブロックや位取り表を使うと小数の大きさがわかる。

つなげていく。

---

3 位取り表を使って，0.01 を何個集めた数か考えよう

位取り表に書いたら 0.01 が 816 個ということがわかるよ

ブロックを使わなくても，これでもできるね

　位取り表で解決できたことを，ブロック図で考えても同じになることを確かめる。
　ワークシートの⑩ 0.52 や③ 9 も同じようにする。

　続いて，ワークシートの⑦ 1.248 や⑧ 0.1 も 0.001 をもとにした位取り表を考え，ブロック図で確かめる。

4 0.01 を 147 個集めた数を考えよう

Ｔ　次は逆の問題です。0.01 を 147 個集めた数がいくつになるかを考えてみましょう。

Ｃ　0.01 を 7 個集めた数は 0.07。 0.01 を 40 こ集めた数は 0.4。0.01 を 100 個集めた数は 1。
　　合わせて 1.47 だね。

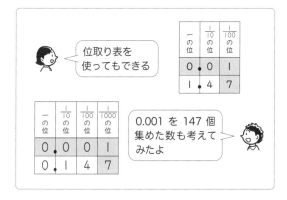

位取り表を使ってもできる

0.001 を 147 個集めた数も考えてみたよ

学習のまとめをする。
ふりかえりシートが活用できる

小数のしくみ　115

小数を10倍，100倍，$\frac{1}{10}$，$\frac{1}{100}$にした数

本時の目標　小数を10倍，100倍した数や$\frac{1}{10}$，$\frac{1}{100}$にした数について理解する。

板書例

10倍した数，$\frac{1}{10}$にした数を調べよう

1 〈整数では〉
250の10倍と$\frac{1}{10}$

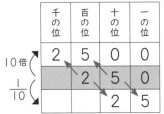

2 〈小数では〉
0.25の10倍と$\frac{1}{10}$

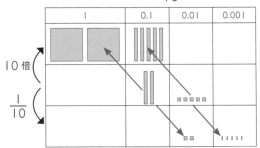

3

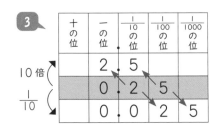

POINT　小数ブロックと位取り表を使えば，$\frac{1}{10}$，$\frac{1}{100}$の位の変わり方が一目瞭然です。

---

1 整数を10倍，$\frac{1}{10}$にすると，位はどのように変わったか，ふりかえろう

4年生の「大きな数」でも，10倍や$\frac{1}{10}$にした数を学習している。

C　250の10倍は2500で，250の$\frac{1}{10}$は25です。

C　0が1つ増えたり減ったりします。

T　では，10倍や$\frac{1}{10}$にしたとき，位はどう変わりましたか。

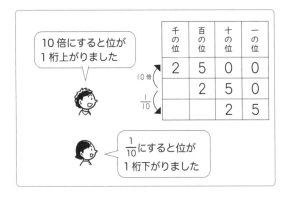

2 小数を10倍，$\frac{1}{10}$にした数はいくつになりますか。

0.25の小数ブロックを提示する。

T　この0.25を10倍にしたブロック図をグループで考えてみましょう。

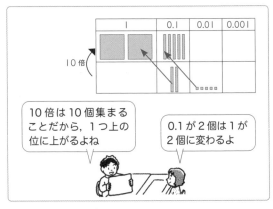

T　次に0.25を$\frac{1}{10}$にした図も考えよう。

C　$\frac{1}{10}$は10等分することだから，1つ下の位になるよ。

黒板で0.25の10倍，$\frac{1}{10}$のブロック操作をする。

3

まとめ │ 小数も整数と同じように，
10 倍すると，位は 1 けたずつ上がる。
$\frac{1}{10}$ にすると，位は 1 けたずつ下がる。

4

＜ 4.8 を 10 倍，100 倍，$\frac{1}{10}$，$\frac{1}{100}$ にしてみよう ＞

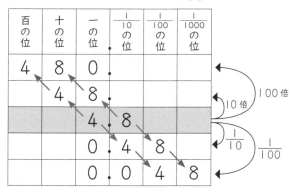

100 倍…2 けた上がる　　$\frac{1}{100}$…2 けた下がる

---

3 0.25 を 10 倍，$\frac{1}{10}$ にした数を位取り表に書いてみよう

C　ブロックと同じように考えたらいいね。

C　0.25 の 10 倍は，2.5 になるね。

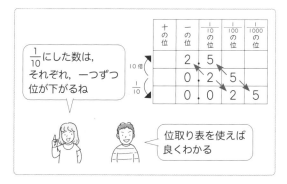

$\frac{1}{10}$ にした数は，それぞれ，一つずつ位が下がるね

位取り表を使えば良くわかる

T　10 倍，$\frac{1}{10}$ にしたとき，位はどう変わりましたか。

C　10 倍すると位が 1 桁上がり，$\frac{1}{10}$ にすると位が 1 桁下がります。

　小数も整数と同じで，10 倍にすると，位が 1 つ上がり，$\frac{1}{10}$ にすると位が 1 つ下がることをまとめる。

4 4.8 を 10 倍，100 倍，$\frac{1}{10}$，$\frac{1}{100}$ にした数を位取り表に書いてみよう

C　10 倍ごとに位が 1 桁上がるから，100 倍だと位が 2 桁上がるね。

C　$\frac{1}{10}$ で位が 1 桁下がるから，$\frac{1}{100}$ だと位が 2 桁下がる。

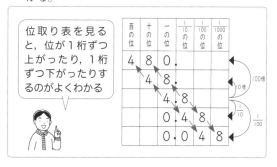

位取り表を見ると，位が 1 桁ずつ上がったり，1 桁ずつ下がったりするのがよくわかる

C　このきまりを使えば，1000 倍や $\frac{1}{1000}$ にした数も書けそうだね。

　ふりかえりシートが活用できる。

板書例

小数のたし算

水そうに水が 2.65L 入っています。
この中に 1.53L の水を入れると
全部で何 L になりますか。

小数のたし算の筆算
① 位をそろえて書く
② 整数のたし算と
　同じように計算する
③ 答えの小数点をうつ

1 式　2.65 + 1.53

```
  2.65
+ 1.53
  4.18
```

答え　4.18L

2

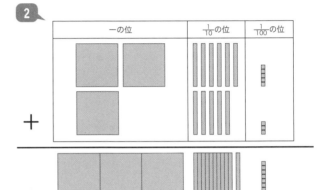

POINT　位をそろえ，小数点の位置をそろえて計算することがいちばんのポイントです。

1　小数のたし算の筆算の仕方を考えよう

問題文を提示する。
ワークシートが活用できる。

T　式はどうなりますか。
C　たし算なので，2.65 + 1.53 になります。
T　2.65 + 1.53 の筆算の仕方を考えてみよう。
C　3 年生で位をそろえて書くと習ったね。

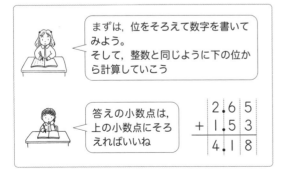

まずは，位をそろえて数字を書いて
みよう。
そして，整数と同じように下の位か
ら計算していこう

答えの小数点は，
上の小数点にそろ
えればいいね

```
  2.65
+ 1.53
  4.18
```

C　2.65 + 1.53 = 4.18　答えは 4.18L です。

2　小数ブロックを使って答えを確かめよう

黒板に貼った小数ブロックを子どもが操作して確かめる

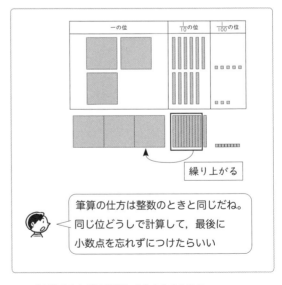

繰り上がる

筆算の仕方は整数のときと同じだね。
同じ位どうしで計算して，最後に
小数点を忘れずにつけたらいい

「小数のたし算の筆算」の仕方をまとめる。

3 ＜13.2 ＋ 0.531 の正しい筆算はどちら？＞

```
ア        1 3.2
     + 0.5 3 1
```

```
イ     1 3.2 ⓞ ⓞ
     + 0.5 3 1
     ────────────
       1 3.7 3 1
```

小数のたし算の筆算は，位（小数点）をそろえて書く

4 ＜0.74 ＋ 0.26＞

```
      0.7 4
   + 0.2 6
   ──────────
     1.Ø Ø
```
← 小数点の後の最後の 0 は消す

---

3 13.2 ＋ 0.531 の筆算の正しいのは㋐と㋑のどちらか説明しよう。

```
ア      1 3.2
     + 0.5 3 1
```

```
イ     1 3.2
     +   0.5 3 1
```

㋐は，位をそろえていないから間違いです。たし算は位をそろえて計算します。㋑は位をそろえているから正しいです

C 13.2 は 13.200 と考えて計算したらいいね。
C 位（小数点）をそろえて書くのがポイントだね。

```
      1 3.2 ⓞ ⓞ
   +  0.5 3 1
   ───────────
      3.7 3 1
```

整数の計算で末尾をそろえる習慣がついているので，位（小数点）をそろえて書くことを意識させたい。

4 0.74 ＋ 0.26 の筆算をしよう

位をそろえて筆算を書いて，下の位から計算しよう

```
      0.7 4
   + 0.2 6
   ──────────
     1.0 0
```

計算をして，小数点をつけたら 1.00 になったよ

C 答えは 1 でいいのかな？
T 答えは『1.00』でも間違いではないですが，小数点から下の位の最後にある 0 は消すことにします。答えは 1 です。

　有効数字を考えると，1.00 でもまちがいではありません。しかし，有効数字は難しいので，「0 を書く必要がなく，1 と同じだから」と説明をします。

　ふりかえりシートが活用できる。

小数のひき算

板書例

小数のひき算

> 水そうに水が 3.85L 入っています。
> この水を 1.32L 使いました。
> 水は何 L 残っていますか。

式　3.85 − 1.32

答え　2.53L

1

$$
\begin{array}{r}
3.85 \\
-\ 1.32 \\
\hline
2.53
\end{array}
$$

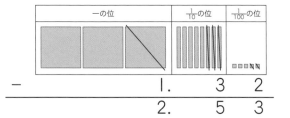

	一の位	$\frac{1}{10}$の位	$\frac{1}{100}$の位
−	1.	3	2
	2.	5	3

2　〈 3.64 − 2.76 〉

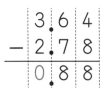

$$
\begin{array}{r}
3.64 \\
-\ 2.78 \\
\hline
0.88
\end{array}
$$

小数点と 0 をわすれずに！！

――― 小数のひき算の筆算 ―――
① 位をそろえて書く
② 整数のひき算と同じように計算する
③ 答えの小数点をうつ

POINT 小数のひき算では，位（小数点）をそろえて計算することに加えて，「0」を補ったり，「0」を消したりすることも

1 小数のひき算の筆算をやってみよう

問題文を提示する。
ワークシートが活用できる。

C　ひき算で，式は 3.85 − 1.32 になります。
T　3.85 − 1.32 の筆算をしてみましょう。

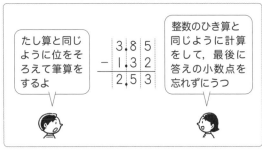

たし算と同じように位をそろえて筆算をするよ

整数のひき算と同じように計算をして，最後に答えの小数点を忘れずにうつ

C　答えは 2.53L になりました。
T　小数ブロックで答えを確かめましょう。

児童が黒板で小数ブロックを操作して，答えが 2.53 になることを確かめる。

2 3.64 − 2.76 の筆算をして話し合おう

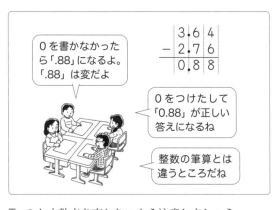

0 を書かなかったら「.88」になるよ。「.88」は変だよ

0 をつけたして「0.88」が正しい答えになるね

整数の筆算とは違うところだね

T　0 と小数点を忘れないよう注意しましょう。

繰り下がりのあるひき算を間違う子もいると予想される。繰り下がりのある小数のひき算を何問か練習する。

ひき算の筆算の仕方をまとめる。

3 〈いろいろな筆算にちょう戦しよう〉

㋐　58.7 − 3.21

```
    5 8.7 0
 −    3.2 1
    5 5.4 9
```
0 を書くと
わかりやすい

㋑　9.14 − 0.14

```
    9.1 4
 −  0.1 4
    9.0 0
```
小数点以下の
最後の 0 は消す

位（小数点）をそろえよう

㋒　6.74 − 3

```
    6.7 4
 −  3.0 0
    3.7 4
```
0 を書くと
わかりやすい

㋓　27.6 − 27

```
    2 7.6
 −  2 7.0
        0.6
```

ポイントです。

3　いろいろなタイプの筆算に挑戦してみよう

T　㋐〜㋓の筆算をします。どんなことに気をつけないといけないでしょうか。まずは，ひとりでやってみましょう。

　タイプの違う問題を用意し，子どもがつまずきがちな問題に取り組めるようにする。

　個人解決の時間を確保する。

T　㋐と㋑の計算を確認しましょう。

C　㋐は，位（小数点）をそろえて書くことに気をつけないといけません。

C　58.7 を 58.70 として計算したら間違わなくていいよ。

C　㋑は，小数点から下の位の最後にある 0 は消して答えは 9 になります。

T　㋒と㋓の計算を確認しましょう。

C　㋒も位をそろえることが大切です。ひく数の 3 は一の位に書きます。

C　3 を 3.00 として計算したら，計算間違いしないからいいかもしれない。

C　㋓もまずは位をそろえることが大切です。答えは「0.6」になります。

```
㋒  6.74 − 3
    6.7 4
 −  3.0 0
    3.7 4

㋓  27.6 − 27
    2 7.6
 −  2 7.0
        0.6
```

　ひき算の筆算は，たし算と比べて子どもが間違えそうな箇所がいくつかある。教師が間違った計算を示して子どもが直して説明する学習方法も有効的。

　ふりかえりシートが活用できる。

小数の文章問題作り

板書例

小数のひき算

1 〈まちがいを説明して直そう〉

```
    5              5.00
 - 3.07   →    - 3.07
   2.07          1.93
```

> 5.00 - 3.07 と考えて計算する

```
    4.02            4.02
 - 3.97    →     - 3.97
      5            0.05
```

> 必要な0や小数点を書く

```
   1.007          1.007
 -   0.9    →   - 0.9
   0.998          0.107
```

> 位をそろえて計算する

小数の文章問題を作ろう

2 〈小数で表されるもの〉

小数で表されるもの

・重さ … kg, g

・かさ … L, dL

・長さ … cm, m, km

・時間 … 秒, 分

　　　　　　　など

(POINT) 小数の文章問題を作ることで小数そのものや，小数のたし算ひき算の理解を深めます。

---

1 筆算の筆算の間違いを説明して直そう

ワークシート(1)が活用できる。

C ⑦は，ひき算が間違っています。0-7なのに，7-0の計算をしています。5を5.00と考えて計算したらいいと思います。

C ⑦は，答えに0や小数点を書くのを忘れています。答えは0.05になります。

C ⑦は，筆算を書くときに位がそろっていません。

ひき算のまとめとして，注意する点が意識できるようにしたい。

```
⑦      5
    - 3.07
      2.07

⑦      4.02
    - 3.97
         5

⑦    1.007
    -   0.9
     0.998
```

2 小数で表されているものを探してみよう

T みんなに小数を使ったたし算，ひき算の文章問題を作ってもらいます。小数はどんなところで使われていますか。身のまわりから探してみましょう。

> 100m走のタイム，9.98秒

> ペットボトルの水1.5L

> 身長や体重，そして距離も小数で表すことが多いね

子どもの発表をもとに重さ（kg, g）やかさ（L, dL），長さ（cm, m, km），時間（時，分，秒）などを表すのに使われていることを確認する。

3 〈たし算，ひき算キーワード〉

たし算　　　合わせて　　　みんなで
　　　　　　増えると　　　もらうと　　　など

ひき算　　　のこりは　　　ちがいは
　　　　　　どちらが（多い）　　　など

4 〈三だんにして書こう〉

> 3.7L 入るやかんがあります。
>
> 水は 1.5L しか入っていません。
>
> あと何 L 水を入れるといっぱいになりますか。

---

3 たし算，ひき算の文章問題に使われている言葉にはどんなものがありますか

たし算だと「合わせて」や「みんなで」「全部で」があるね

「増えると」や「もらうと」もよく使うね

T　ひき算によく使われている言葉は何ですか。
C　「のこりは」や「ちがいは」を使います。
C　「どちらが（多い）」とかもあります。
T　小数で表すものや「たし算・ひき算」のキーワードもわかったので，これで問題を作れますね。

4 小数のたし算，ひき算の文章問題を作ってみよう

T　このように問題を三段にして書くようにしましょう。

　　教師が作った問題を見本として提示する。三段にすると問題文を整理して考えることができる。

> 3.7L 入るやかんがあります。
>
> 水は 1.5L しか入っていません。
>
> あと何 L 水を入れるといっぱいに
>
> なりますか。

　　ワークシート(2)に書く。子どもは自分で作った問題の中で一番気に入った1問を下に書いて提出する。それらの問題を何問かまとめて印刷して配り，問題を解き合う学習につなげることもできる。また，丸つけは出題者がするなど，クラスでルールを決めてすると，より楽しく問題を解き合うこともできる。

　　学習のまとめをする。
　　ふりかえりシートが活用できる

小数のいろいろな表し方

板書例

小数のいろいろな表し方

1

＜257 はどんな数か＞
・200 より 57 大きい数
・200 と 50 と 7 をたした数
・百の位が 2 で，十の位が 5
　一の位が 7 の数

2

＜3.54 はどんな数か表してみよう＞

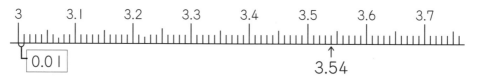

一の位	$\frac{1}{10}$の位	$\frac{1}{100}$の位

3　　3.1　　3.2　　3.3　　3.4　　3.5　　3.6　　3.7

0.01　　　　　　　　　　　　↑ 3.54

3

＜ 3.54 ＞

・1 を 3 こ，0.1 を 5 こ，0.01 を 4 こあわせた数
・一の位が 3，$\frac{1}{10}$ の位が 5，$\frac{1}{100}$ の位が 4 の数
・3 と 0.54 をあわせた数　　・0.01 を 354 こ集めた数
・3.5 より 0.04 大きい数　　・3 より 0.54 大きい数（3 + 0.54）
・3.6 より 0.06 小さい数（3.6 - 0.06）

POINT　位をそろえ，小数点の位置をそろえて計算することがいちばんのポイントです。

---

1 整数の表し方をふりかえろう

ワークシートを使って学習できる。

T　257 という数を説明するときどうやって説明しますか？

C　200 より 57 大きい数。

C　200 と 50 と 7 をたした数。

C　百の位が 2 で十の位が 5 で一の位が 7 の数。

T　では，3.54 という数を説明するのにどんな表し方があるか考えてみましょう。

ブロック図や数直線に表してみるとどんな数かわかりますね

ブロック図を見たら，1 を 3 個，0.1 を 5 個，0.01 を 4 個合わせた数というのがよくわかるよ

数直線を見たら，3.54 は 3.5 と 3.6 の間の数ということもわかるな

2 ブロック図や数直線を使って説明してみよう

発表するときには，ブロック図や数直線で示しながら，自分の考えが友だちに伝える工夫ができるようにする。

3.54 は一の位が 3 で，$\frac{1}{10}$ の位が 5 で，$\frac{1}{100}$ の位が 4 の数です

ブロック図から

□（0.01）を 354 個集めた数です

3 と 0.54 を合わせた数です

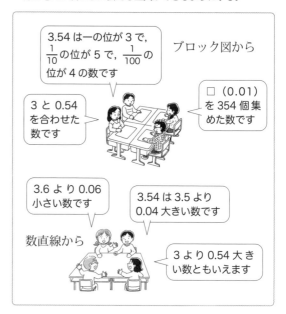

3.6 より 0.06 小さい数です

3.54 は 3.5 より 0.04 大きい数です

数直線から

3 より 0.54 大きい数ともいえます

準備物
・小数ブロック
・板書用数直線
QR ワークシート
QR ふりかえりシート

ICT
数直線や小数ブロックのデータを配信し，子どもが視覚的に小数を捉えられるようにすることで，小数の扱いについて理解しやすくなる。

4

＜①〜⑥の数を数直線に表そう＞

① １を２こ，0.1を１こ，0.01を４こ
あわせた数 （2.14）

② ２と0.6あわせた数 （2.6）

③ ３より0.03小さい数 （2.97）

④ 2.5より0.02大きい数 （2.52）

⑤ 0.01を270こ集めた数 （2.7）

⑥ 0.1を25こ集めた数 （2.5）

まとめ

小数も整数と同じように，いろいろな表し方ができる。

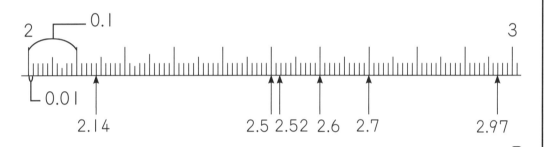

3 3.54という数についてまとめよう

T 3.54という数のいろいろな表し方が見つかりましたね

子どもたちが考えた表し方をまとめる。

T 他の表し方を考えてみます。3.54は３と0.54を合わせた数を式で表すことはできないでしょうか。

C たし算やひき算の式に表せますね。

「3.54＝3＋0.54」とたし算にすることができます

「3.54＝3.6－0.06」とひき算にしたりもできるね

4 いろいろな見方をした小数を数直線に表そう

T ①〜⑥は，小数をいろいろな見方で表しています。その数を答えてから数直線に表しましょう。

数直線の目盛りの読み方も確認しておく。

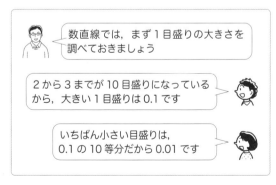

数直線では，まず１目盛りの大きさを調べておきましょう

２から３までが10目盛りになっているから，大きい１目盛りは0.1です

いちばん小さい目盛りは，0.1の10等分だから0.01です

学習のまとめをする。

ふりかえりシートが活用できる

本時の目標
小数を表すブロック、数字、読み方の関係を理解でき、小数の大小を区別できる。

小数カードを使ってゲームをしよう

【準備物】
小数カード（ブロック、数字、読み）

[ゲームのルール]
[カード並べ]
① 2～3人で勝負する。
② 机の上にブロックのカードを0～3.23の小さい順に一列にして並べる。
③ 数字と読み方のカードはよく切って2～3人に配る。
④ 配られたカードの中に2を表すカードがあれば、机の上の2のブロックのカードの横に出す。
⑤ ジャンケンでカードを出す順番を決める。
⑥ 最初は2の隣の数字（0.32か2.03）しか出せない。出たカードの数の隣か読み方のカードを出していく。
⑦ 手持ちのカードがなくなったら勝ち。

[大小ゲーム]
① 一対一で勝負し、向き合って座る。
② カード置きシートを2人の間に置く。
③ プレイヤーは等号・不等号カードを持つ。
④ 数字とブロックのカードをよく切って二等分し、それぞれのプレイヤーのわきに裏返して置く。
⑤ プレイヤーは「せーの」等の掛声を出し、手もとのカードを1枚めくり、カード置きシートの上に出す。
⑥ 2枚のカードを見比べて、大小の関係を判断し、すばやく等号・不等号のカードを出す。
⑦ 先に正しい等号・不等号カードを出した方が勝ち。
⑧ 勝ったプレイヤーはそこに出されたカードをもらえる。
⑨ 手持ちのカードが多い方が勝ち。

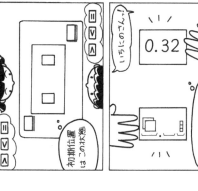
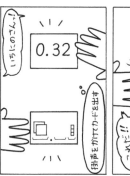
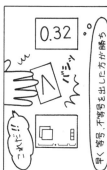

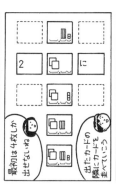

第4時に紹介しているゲームも全員が参加できるゲームもです。

[かるた遊び]
① ブロックと数字のカード（どちらか一方でもよい）を机の上にバラバラにして並べます。
② 1人が読み方のカードを読み、その読み方と同じ小数を表すカードを取ります。
③ 1人で2枚取ることもできます。
④ 最終的に手持ちのカードがいちばん多い人が勝ちです。

[神経衰弱]
① カードを裏向きにして机の上に適当に並べます。
② ジャンケンで勝った人からカードを順番にめくります。
③ めくったカードが違う数の場合は、その3枚めくります。
④ 3枚とも同じカードをめくることができたら、そのカードをとることができます。
⑤ 2枚同じカードをめくることができても、残りの1枚が違うカードの場合はカードを取れません。
⑥ 最終的に手持ちのカードがいちばん多い人が勝ちです。
⑦ カードの種類を2種類にして遊んでもよいでしょう。

名前

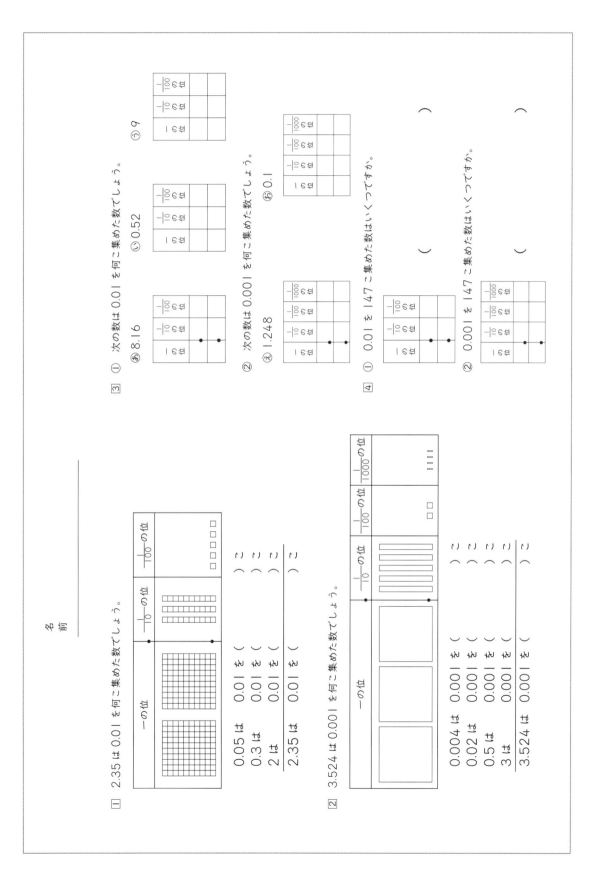

1 2.35 は 0.01 を何こ集めた数でしょう。

一の位	$\frac{1}{10}$の位	$\frac{1}{100}$の位

0.05 は　0.01 を（　）こ
0.3 は　0.01 を（　）こ
2 は　0.01 を（　）こ
2.35 は　0.01 を（　）こ

2 3.524 は 0.001 を何こ集めた数でしょう。

一の位	$\frac{1}{10}$の位	$\frac{1}{100}$の位	$\frac{1}{1000}$の位

0.004 は　0.001 を（　）こ
0.02 は　0.001 を（　）こ
0.5 は　0.001 を（　）こ
3 は　0.001 を（　）こ
3.524 は　0.001 を（　）こ

3 ① 次の数は 0.01 を何こ集めた数でしょう。

あ 8.16　　　　い 0.52　　　　う 9

② 次の数は 0.001 を何こ集めた数でしょう。

え 1.248　　　　お 0.1

4 ① 0.01 を 147 こ集めた数はいくつですか。

（　　　）

② 0.001 を 147 こ集めた数はいくつですか。

（　　　）

わり算の筆算(2)

◎ 学習にあたって ◎

<この単元で大切にしたいこと>

　整数のわり算は 3 年生から始まり，4 年生の（2，3 位数）÷（1 位数）を経て本単元で完結します。以後，小数÷整数，÷小数の筆算はありますが，それらは本単元で学習する筆算の手順（アルゴリズム）が基礎となるものです。ですから，この単元では計算，主に筆算のアルゴリズムの意味を理解し，計算ができるようになることが大切です。

　そのためには，半具体物操作と対応させながら次のことが理解できるようにします。まず，片手「かくし」で商がたつ位を決め，続けて，「たてる」「かける」「ひく」「おろす」という手順を理解することです。次に，「たてる」際に，仮商を修正することを理解し，真の商を求めることが大切です。これらを本書では「片手かくし」（商がたつ位を決める）「両手かくし」（仮商を決める）から「たてる」「かける」「ひく」「おろす」を「筆算のじゅもん」とし，この約束通りにすればどんなわり算の筆算でも答えにたどり着けることを強く打ち出しています。この手順ですれば必ずできると，子どもたちが自信をもってできるようになることが大切です。

<数学的見方考え方と操作活動>

　上記のような筆算学習を数字だけの学習にしないことが大切です。仮商の修正や「たてる」「かける」「ひく」「おろす」といった筆算の手順も半具体物操作と対応させて考えることが，数学的な見方や考え方を養うことにつながります。

<個別最適な学び・協働的な学びのために>

　決まった手順ですれば，どんな整数のわり算でも対応でき，答えにたどり着けると確信を持つまでには様々な壁があります。仮商の修正，仮商をたてると 10 がたつ場合，被除数が 3 けた，商が 2 桁などなどです。そのどの壁に当たっても話し合いを通して，「筆算のじゅもん」の約束通りにすればできると確かめながら進めるように支援します。また，問題作りや仮商の修正の計算を見つける学習，計算ゲームなどを通して，計算を楽しむとともに，共に学べるつながりを大切にしましょう。

◎ 評　価 ◎

知識および技能	2 位数でわる除法の計算の仕方や筆算の仕方を理解し，計算することができる。
思考力，判断力，表現力等	2 位数でわる除法の計算の仕方を，半具体物操作や既習事項や除法に関して成り立つ性質をもとに考え，説明することができる。
主体的に学習に取り組む態度	2 位数でわる除法の計算について，半具体物操作や既習事項をもとに考えようとしたり，発展的に文章問題や仮商の修正のある計算の方法を考えようとしたりとする。

時	題	目　標
1	÷何十 （包含除）	何十でわる計算 (包含除) の意味を理解する。
2	÷何十 （等分除）	何十でわる計算 (等分除) の意味を理解する。
3	2 位数÷ 2 位数の筆算方法	2 位数÷ 2 位数の半具体物操作の解決から，筆算方法を考える。
4	2 位数÷ 2 位数の筆算	2 位数÷ 2 位数 (仮商の修正なし) の筆算ができるようになる。
5	2 位数÷ 2 位数の筆算 (仮商の修正 1 回，2 回)	2 位数÷ 2 位数で仮商の修正の仕方を理解し，その計算ができるようになる。(仮商の修正 1 回，2 回)
6	2 位数÷ 2 位数の筆算 (仮商の修正 3 回以上)	2 位数÷ 2 位数の筆算で，仮商の修正が 3 回以上ある計算ができるようになる。
7	3 位数÷ 2 位数＝ 1 位数の筆算	3 位数÷ 2 位数＝ 1 位数の筆算で，商のたて方を理解し，計算ができるようになる。
8	仮商が 10 になる筆算	3 位数÷ 2 位数＝ 1 位数の筆算で，仮商が 10 になる場合の筆算の仕方を理解し，計算ができるようになる。
9	3 位数÷ 2 位数＝ 2 位数の筆算	3 位数÷ 2 位数＝ 2 位数の筆算の仕方を理解し，計算ができるようになる。
10	3 位数÷ 2 位数＝ 2 位数のいろいろな型の筆算	3 位数÷ 2 位数のどんな型の筆算もできるようになる。
11	4 位数÷ 2 位数，÷ 3 位数	4 位数÷ 2 位数や÷ 3 位数の筆算の仕方を理解し，計算ができるようになる。
12	わり算の性質	わり算では，被除数と除数に同じ数をかけても，同じ数でわっても，商は変わらないことを理解する。

板書例

30 こずつ分ける方法を考えよう

□ このあめを 1 人に 30 こずつ分けます。
何人に分けられますか。

1 60 こ

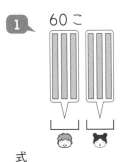

式

$60 \div 30 = 2$
$\Downarrow \Uparrow$
$6 \div 3 = 2$

答え　2 人

2 80 こ

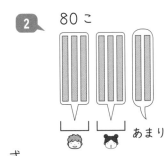

あまり

式

$80 \div 30 = 2$ あまり $\underline{20}$
$\Downarrow \Uparrow$
$8 \div 3 = 2$ あまり $\underline{2}$

答え　2 人あまり 20 こ

検算
$30 \times 2 + 20 = 80$
あまりに注意

POINT 10 個入りのあめがあれば，それを半具体物のブロックに置き換えて操作します。ブロックにすれば，どんな具体物でも対

1 60 個を 1 人に 30 個ずつ分けると, 何人に分けられるか, ブロックで考えよう

問題文を提示して，□に 60 の数を書く。

60 は 10 のまとまりにして考えると, 6 本と考えられる

6 本だったら, 6÷3 とできるよ

C　60（個）÷ 30（個）＝ 2（人）で，2 人に分けられます。

C　ブロックでみると，6÷3＝2とも考えられるね。

　60÷30は6÷3に置き換えられることは，単元末のわり算の性質に関連する。

2 80 個を 1 人に 30 個ずつ分けると，何人に分けられるでしょうか

C　80 ÷ 30 も 60 ÷ 30 と同じように 10 のまとまりで考えれば 8 ÷ 3 で計算できる。

C　8 ÷ 3 ＝ 2 あまり 2。2 人に分けられて 2 個あまりだ。

T　あまりは 2 個でよいでしょうか。ブロック操作をして確かめてみよう。

ブロック 8 本を 3 本ずつ分けると，あまりは 2 個ではなく，2 本だから 20 個だね

検算をしてみても
80÷30＝2 あまり 20
30×2＋20＝80
あまりは 20 だ

C　あまりの大きさには，気をつけないといけないね。

3

200 こ

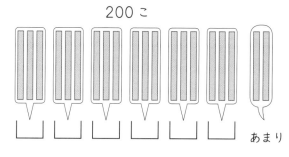

あまり

式　200 ÷ 30 = 6 あまり 20

⇓ ⇑

20 ÷ 3 = 6 あまり 2

答え　6人あまり20こ

4

れんしゅう

120 ÷ 40 = 3　　　210 ÷ 60 = 3 あまり 30

⇓ ⇑　　　　　　　⇓ ⇑

12 ÷ 4 = 3　　　21 ÷ 6 = 3 あまり 3

まとめ　10 こをひとまとまりにすれば，60 ÷ 30 の商は 6 ÷ 3 の計算で求めることができる。

応できます。

3　あめが 200 個だったら，何人に分けられるでしょうか

C　これも 10 のまとまりで考えればできると思う。

200 を 10 のまとまりにすると 20 になるね

10 のまとまりにすると20÷3の計算だ

200（個）÷30（個）＝ 6（人）あまり20（個）になるよ

T　何十でわる計算方法はどうすればいいですか。

C　10 のまとまりで考えれば，今まで習ってきたわり算で計算することができます。

C　200 ÷ 30 なら 20 ÷ 3 でできます。

C　あまりの大きさには，気をつけないといけません。

4　計算練習をしてみましょう

T　120 ÷ 40 と 210 ÷ 60 をしてみましょう。

C　120 ÷ 40 を 10 のまとまりで考えると 12 ÷ 4 = 3。

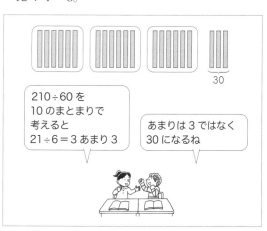

30

210÷60 を 10 のまとまりで考えると 21÷6＝3 あまり 3

あまりは 3 ではなく 30 になるね

学習のまとめをする。
（学習のまとめとして動画も活用できる）
ふりかえりシートが活用できる。

÷何十（等分除）

板書例

30 人に等しく分ける方法を考えよう

☐ このキャンディを 30 人に同じ数ずつ分けます。
1 人分は何こになりますか。
---

1 〈90 こを 30 人に分ける場合〉

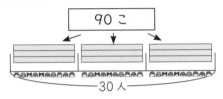

90 こ

30 人

式

$$90 \div 30 = 3$$
$$\Downarrow \Uparrow$$
$$9 \div 3 = 3$$

答え　3 こ

2 〈130 こを 30 人に分ける場合〉

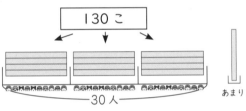

130 こ

30 人

あまり

式

$$130 \div 30 = 4 \text{ あまり } 10$$
$$\Downarrow \Uparrow$$
$$13 \div 3 = 4 \text{ あまり } 1$$

答え　4 こ あまり 10 こ

POINT　本時以降，2 位数でわる計算は基本的に等分除で行います。そのため，何十でわるわり算も等分除で学習しておきます。

---

1 90 個を 30 人に同じ数ずつ分けると，1 人分は何個になりますか

問題文を提示する。

C　式は 90（個）÷ 30（人）になります。

C　前時の学習から，9 ÷ 3 = 3 と考えられる。

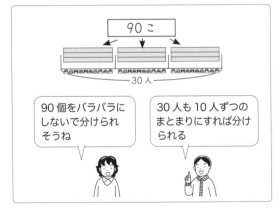

90 こ

30 人

90 個をバラバラにしないで分けられそうね

30 人も 10 人ずつのまとまりにすれば分けられる

C　90 ÷ 30 は，9 ÷ 3 と考えてできる。
　　90 ÷ 30 = 3　答えは 3 個になりました。

　　ブロックの 10 の長さと，10 人の長さは同じにしておく。

2 130 個を 30 人に分けると 1 人分は何個であまりは何個になりますか

T　90 個が 130 個になっても同じように 10 の
　　まとまりにして考えられますか。

C　13 ÷ 3 = 4 あまり 1　あまりは 1 本だから
　　10 になるね。　130 ÷ 30 = 4 あまり 10 です。

C　答えは 4 個ずつで 10 個あまりです。

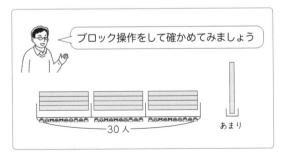

ブロック操作をして確かめてみましょう

30 人

あまり

C　前の時間にした何十ずつ分けるわり算でも，
　　今日の何十人に同じ数ずつ分けるわり算でも
　　同じように計算することができます。

| 準備物 | ・算数ブロックと入れ物
QR ふりかえりシート | ICT | 子どもが自分の考えを図や式などにして
表したものを撮影し, 共有機能を使って
全体共有することで, わり算の考え方に
ついて対話的に迫ることができる。 |

3 〈125 こを 30 人に分ける場合〉

$$125 \div 30 = 4 \text{ あまり } 5$$
$$\Downarrow \quad \Uparrow$$
$$120 \div 30 = 4$$
$$12 \div 3 = 4$$

答え　4 こ あまり 5 こ

4 〈148 こを 40 人に分ける場合〉

$$148 \div 40 = 3 \text{ あまり } 28$$
$$\Downarrow \quad \Uparrow$$
$$140 \div 40 = 3 \text{ あまり } 20$$
$$14 \div 4 = 3 \text{ あまり } 2$$

40 人　　あまり

答え　3 こ あまり 28 こ

まとめ　等しく分けるわり算でも, 10 をひとまとまりに
して考えれば計算できる。

---

3 125 個のあめを 30 人に等しく分けると,
1 人分は何個であまりは何個ですか

C　一の位が 0 の場合は計算できるのはわかったけ
ど, 一の位が 0 でない場合はどうすればいいのかな。

T　どうでしょうか。ブロックを使って分けてみま
しょう。

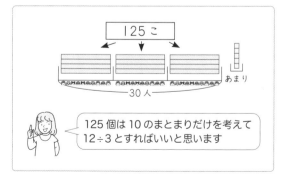

125 こ

あまり

30 人

125 個は 10 のまとまりだけを考えて
12÷3 とすればいいと思います

C　一の位はないことにして 120 ÷ 30 とする。
　　12 ÷ 3 = 4　あまり 5。

C　125 ÷ 30 = 4 あまり 5。
　　1 人 4 個であまりは 5 個です。

4 148 個を 40 人に等しく分けるときの
計算も考えてみよう

C　148 個の 8 個は考えずに 140 ÷ 40 として計算
してみよう。

C　14 ÷ 4 = 3 あまり 2 だから, 148 ÷ 40 = 3 あ
まり 28 ?

T　ブロック操作をして確かめてみましょう。

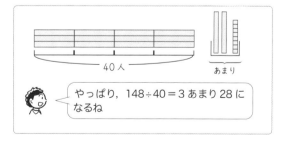

40 人　　あまり

やっぱり, 148÷40＝3 あまり 28 に
なるね

C　わる数が 30 や 40 ではなくて, 34 や 47 でも同
じように計算できるのかな？

T　それは, 次の時間に考えましょう。

　　学習のまとめをする。
　　ふりかえりシートが活用できる。

2位数÷2位数の筆算方法

本時の目標　2位数÷2位数の半具体物操作から，筆算方法を考える。

板書例

筆算の仕方を考えよう

1　63このあめを21人に同じ数ずつ分けます。1人分は何こになりますか。

式　$63 ÷ 21$

答え　3こ

〈答えの予想〉

$63 ÷ 21$
⇩ ⇧
$60 ÷ 20 = 3$
⇩ ⇧
$6 ÷ 2 = 3$

2　〈ブロックで〉

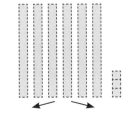

1人分
3こ

3　〈筆算で〉

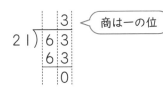

商は一の位

×

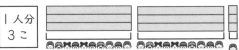

POINT　わる数が何十何となっても，一の位を隠せば商を見つけられることから，「両手かくし」を導入します。商をたてる位置を

1　63個のあめを21人に同じ数ずつ分けると，1人分は何個になるか予想しよう

問題文を提示する。

C　式は，$63 ÷ 21$　です。

T　答えを予想しましょう。1人何個になりそうですか。

前の時間でしたように，63個を60個と考えたらどうだろう

じゃあ，21人の方も20人と考えてみようよ

前時の何十でわるわり算をふりかえる。

C　$63 ÷ 21$を$60 ÷ 20$と考えて，1人分は3個と予想できます。

2　ブロック操作をして確かめてみましょう

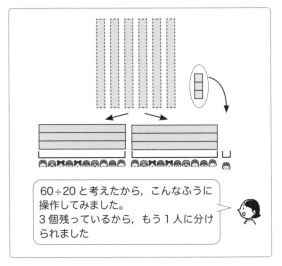

$60 ÷ 20$と考えたから，こんなふうに操作してみました。
3個残っているから，もう1人に分けられました

C　63個を21人に等しく分けることができました。1人分は3個になります。

C　$63 ÷ 21$だったら，10のまとまりで考えて$60 ÷ 20$で商を予想することができます。

準備物
・算数ブロック
・板書カード（「たてる」「かける」「ひく」「おろす」）
QR ふりかえりシート

ICT ふりかえりシートのデータを配信すると，子どもはわり算の筆算を反復練習して，学習内容の定着を図ることができ，教員は子どもたちのつまずきを捉えられる。

4

21)6 ➡ 商をたてる位を決める

片手かくし

2◯)6◯ 6 ÷ 2 で商をたてる

両手かくし

×3
21)63
　63 ──「たてる」「かける」
　　0 ──「ひく」

＜筆算の手順＞
　片手かくし
①　両手かくして，たてる
②　かける
③　ひく
（④　おろす）

まとめ
わり算の筆算は，
「片手かくし」➡「両手かくして，たてる」➡「かける」
➡「ひく」（➡「おろす」）でできる。

決める「片手かくし」をはじめにしておきます。

---

3 63 ÷ 21 を筆算でする方法を考えよう

T　わり算の筆算はどんな手順でやりましたか。
C　「たてる」「かける」「ひく」「おろす」の順でした。
T　その手順で，まず自分で計算してみましょう。

21)63 …
「たてる」は 6÷2 で 3 をたてる。
「かける」は 21×3。
「ひく」は 63−63。
「おろす」はない

「たてる」は 6÷2 で 3 をたてるのはわかったけど，書く場所は十の位でいいのかな

C　商は 3 だから，一の位だと思うな。
C　6÷21 は計算できないから，十の位に商はたたないよ。

　商をたてる位は後々大切なことなのでここで，おさえておく。

---

4 2 位数÷ 2 位数の筆算の方法をまとめよう

C　10 が 6 本のままでは，21 人に配れないから，十の位には商がたちません。
C　63 個は 21 人に配れるから，商は一の位にたちます。（片手かくし）

21)6 片手かくし

C　63 ÷ 21 を 60 ÷ 20 と考えて 6 ÷ 2 で商を予想します。（両手かくし）
C　3 を「たてる」。

2◯)6◯ 両手かくし

C　「かける」 21 × 3。
C　「ひく」 63 − 63。
C　「おろす」はありません。
T　この手順で，もう一度ひとりでやってみましょう。

　　　3 ──「たてる」
21)63
　　63 ──「かける」
　　 0 ──「ひく」

　学習のまとめをする。
　ふりかえりシートが活用できる。

2 位数÷2 位数の筆算

板書例

筆算ができるようになろう

 〈87 ÷ 21〉 　 〈95 ÷ 23〉

〈タイプのちがいを見つけながら〉

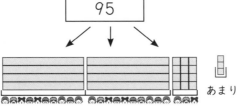

$$21)\overline{87}$$
　　84
　　　3

あまりがあるタイプ

$$23)\overline{95}$$
　　92
　　　3

$9 ÷ 2 = 4$ あまり 1
ぴったりでない
タイプ

⑦　$98 ÷ 32$

$$32)\overline{98}$$
　　96
　　　2

$9 ÷ 3 = 3$ のぴったりで
商をたてる

95

| 1 人分
4 こ |

あまり

① 　$79 ÷ 24$

$$24)\overline{79}$$
　　72
　　　7

$7 ÷ 2 = 3$ あまり 1 で
ぴったりでない商をたてる

〈検算〉 　$4 × 23 + 3 = 95$

POINT 　筆算の手順 (じゅもん) に沿って 1 つ 1 つ丁寧に進め, 計算ができるようになっているという達成感が味わえるようにします。

1 前時の筆算の手順を見ながら 筆算をしてみよう

T 　87 ÷ 21 を筆算でしてみましょう。

> まず「片手かく
> し」をして商が
> たつ位を決める

> その次に「両手かくし」で
> 商を予想するんだったね。
> それから,「たてる」「かける」
> 「ひく」(「おろす」) をする

T 　前時にした筆算と違うところがありますか。

C 　この計算には, あまりがあります。

C 　87 ÷ 21 ＝ 4 あまり 3 になりました。

> 「片手かくし」→「両手かくし」→「たてる」→「かける」
> →「ひく」→「おろす」の筆算の手順はいつでも見えるように,
> 掲示物にしてしておく。

2 95 ÷ 23 の筆算をして, ブロック操作で 答えを確かめよう

T 　まずは「片手かくし」で商がたつ位を決めよう。

C 　9÷23 はできない。商は一の位にたつね。

> 「両手かくし」をすると 9÷2
> 『ぴったり』じゃないけど商に
> 4 をたてることはわかる

両手かくし

T 　計算が間違いなくできているか, ブロックで確か
めてみましょう。

> ブロック操作をして答えを確かめる。

C 　筆算で求めた商と同じ答えになりました。

C 　検算をすると, 4 × 23 ＋ 3 ＝ 95 になります。

| 準備物 | ・算数ブロック　・「筆算の手順」の掲示物
・板書用(片手・両手かくし用)手
QR 文章問題づくりシート
QR ふりかえりシート | ICT | 子どもがわり算の筆算について表したものを撮影し，全体共有して考えを比較することで，正しい計算の仕方について対話的に学び合うことができる。 |

⊕　86 ÷ 37

```
      ×2
 37)8 6
    7 4
    1 2
```

あまりが2けた

㋒　96 ÷ 20

```
      ×4
 20)9 6
    8 0
    1 6
```

わる数が何十

4 〈文しょう問題づくり〉

> 76 ÷ 32 の式になる
> 文章問題を作ろう

㋤　70 ÷ 33

```
      ×2
 33)7 0
    6 6
      4
```

わられる数が何十

まとめ

> 筆算のタイプが ちがっても
> 筆算の手順通りに計算
> すれば，できる。

3 ㋐〜㋒の筆算をして，タイプの違いを見つけよう

T　次の5つの筆算ができたら，今日の学習は完璧です。　タイプの違いを見つけながら計算しましょう。

> ㋐　98 ÷ 32
> 　　ぴったりで商をたてられる，あまりが1けた
> ㋑　79 ÷ 24
> 　　商はぴったりではない，あまりが1けた
> ⊕　86 ÷ 37　　あまりが2けた
> ㋤　70 ÷ 33　　わられる数が何十
> ㋒　96 ÷ 20　　わる数が何十

T　筆算ができた人は，76÷32の式になる文章問題を作りましょう。

　計算の速さには個人差があるため，早くできた子どものために課題を準備しておく。その間に，筆算でつまずいている子どもへの個別指導をし，すべての子どもが㋐〜㋒の筆算ができるようにする。

　学習のまとめをする。

4 文章問題を作ってみよう

<文章問題作りを課題にする理由>

① 計算の学習では，数操作だけになってしまいがちになる。算数の世界は具体的な現実の場面とつながっているから，数だけの学習にならないようにしたい。具体的な場面に戻れることで計算の意味理解を深めることができる。

② 文章問題作りの学習は発展的で，ほぼエンドレスな学習になる。右のような用紙をたくさん用意しておくと，子どもが個人で自主的に取り組めるようになる。

　ふりかえりシートが活用できる。

本時の目標　2位数÷2位数で仮商の修正の仕方を理解し，その計算ができるようになる。（仮商の修正1回，2回）

板書例

やり直しをする筆算

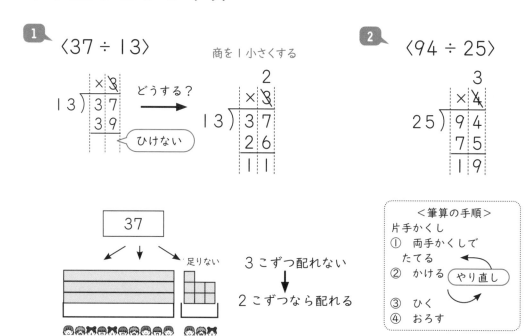

1 〈37÷13〉　　　商を1小さくする

2 〈94÷25〉

<筆算の手順>
片手かくし
① 両手かくしでたてる
② かける　やり直し
③ ひく
④ おろす

POINT 「人生うまくいく時ばかりではない。失敗や間違いもある。そんなときはやり直せばいい」「わり算の筆算も同じだよ。やり

1 仮の商が大きくてうまくいかないときはどうしたらいいか考えよう

T　37÷13を筆算でしてみましょう。

「両手かくし」をすると「3÷1」だから，商に3をたてよう

変だなあ。筆算の手順通りにしたのに，ひき算ができないよ

T　ブロックを使って確かめてみましょう。
C　3個ずつ配ると39個要るね。
C　2個ずつなら配れるから，商に2をたててみよう。
　　（答えは，2になることがわかる。）
C　37÷13＝2あまり11。商は3ではない。
T　このように，商をたててみたけど，ひけないことがあります。そのときは，商を1小さくたててやり直しましょう。

2 94÷25の筆算の手順をリレー発表で説明しよう

　まず，各自でやってみる。次に，筆算の手順を1人が1つずつ順番にリレー方式で説明していく。

（例）
C　「片手かくし」で商がたつ位を決めます。商は一の位にたちます。（①）
C　「両手かくし」で商を「たてる」をします。9÷2で4をたてます。（②）
C　「かける」をします。25×4＝100
C　ひけないので，やり直します。（③）
C　4より1小さい3を商にたてます。
C　「かける」をします。25×3＝75
C　「ひく」をします。94－75＝19
C　答えは3あまり19です。
　　あまりはわる数の25よりも小さいです。（④）

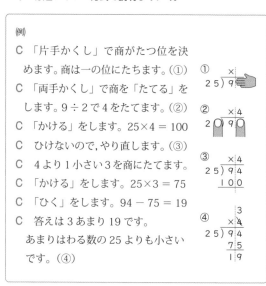

3 〈79 ÷ 15〉

商を1つずつ小さくする

やり直し2回

まとめ

「ひく」ができない場合は，
商を1ずつ小さくして
やり直せばできる。

4 筆算練習

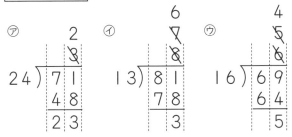

⑦ 24)71 48 23

⑦ 13)81 78 3

⑦ 16)69 64 5

⑦ 39)70 39 31

⑦ 29)92 87 5

直せば必ずできる。」と励ましましょう。

---

3 やり直しは1回とは限らない。
次の筆算をやってみよう

T　79 ÷ 15を筆算でやってみましょう。商が大きすぎたら，やり直せば必ずできますよ。

7をたてたけど計算できなかったから，1小さくして6をたてたよ。それでもひけないよ，どうしてかな

まだ商が大きいということかな。さらに もう1つ小さくしたらどうかな

商を5にしたら計算できたよ

やり直しを2回もすることがあるんだね。面倒だな…

T　うまくいかなくてもやり直せば必ず計算できますね。

学習のまとめをする。

4 筆算練習をしましょう。
やり直せば必ずできます

⑦ 71 ÷ 24
（修正1回）

⑦ 81 ÷ 13
（修正2回）

⑦ 69 ÷ 16
（修正2回）

⑦ 70 ÷ 39
（修正1回）

⑦ 92 ÷ 29
（修正1回）

T　全部できた人は『3回直し』の計算を見つけましょう。

　「3回直しの計算を見つけよう」をしているうちに，どのような数の組み合わせにすればやり直しの計算になるのかを見つける子どもが現れる。「3回ではなく4回を見つけた」という子どもも出てくる。見つけた子には用紙に計算と名前を書いて提出してもらう。それらの計算は次の時間に使うこともできる。

　ふりかえりシートが活用できる。

2位数÷2位数の筆算（仮商の修正3回以上）

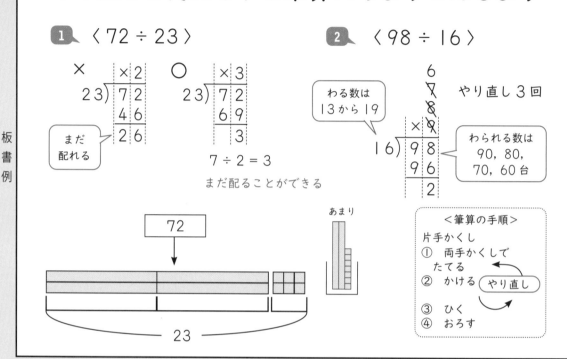

板書例

やり直しを何回もする筆算にちょうせんしよう

1 〈72 ÷ 23〉　　　**2** 〈98 ÷ 16〉

POINT　どんな数の場合に仮商の修正が3回や4回になるのかを考えることで，客観的に筆算をみる力をつけることができる。

---

1 72 ÷ 23 の筆算の間違いを説明しよう

ブロック操作で間違いを確かめる。

T　どうしてこんな間違いをしたと思いますか。

C　「商のやり直し」があると思って，商をはじめから小さくしてしまったのかな。

C　「筆算の手順」通りに計算しないといけないね。

---

2 98 ÷ 16 の筆算に挑戦しよう。

T　この計算は，前の時間に○○さんが見つけた筆算です。どうやって見つけたか説明できますか。

C　わられる数を70，80，90台の数にします。そして，わる数を13から19くらいにすると3回直しを見つけることができました。

T　わる数が13から19くらいのときに，やり直しが多いみたいですね。

3 〈93 ÷ 18〉　　　〈マスター練習〉

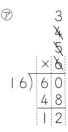

18）93　やり直し 4 回

⑦ 16）60　48　12

⑦ 18）95　80　15

⑦ 17）86　85　1

⑦ 18）72　72　0

⑦ 19）98　95　3

やり直し 5 回の
計算を見つけよう

まとめ　仮の商を 1 ずつ小さくしてやり直しをしていくと
必ず計算できる。

---

3 93 ÷ 18 の筆算には，何回やり直しがあるか
挑戦してみましょう

すごいな，4 回も
「やり直し」があっ
たよ

「やり直し」は面倒だけど，
やり直しをしていけば，
必ず計算できるね

わる数を概数にして（この場合は 20）でわる方法もある
が，1 つの方法を徹底しておくほうが混乱なくできる。わる
数を概数でする方法では，商が小さいからと大きくする場合
も出てくる。しかし，「両手かくし」での仮商は，大きければ
1 つずつ小さくしていくことで必ず正しい商にたどり着ける
良さがある。また，計算練習をしていると，いつまでも仮商
の修正を 3 回，4 回もせずに商の見当をつけるのが上手にな
ってくる。焦って指導する必要はない。

4 次の練習問題ができたら，
5 回やり直しのある計算を見つけよう

⑦　60 ÷ 16
　　（修正 3 回）

⑦　95 ÷ 18
　　（修正 4 回）

⑦　86 ÷ 17
　　（修正 3 回）

⑦　72 ÷ 18
　　（修正 3 回）

⑦　98 ÷ 19
　　（修正 4 回）

2 位数÷2 位数の筆算で，仮商の修正が 5 回あるのは，
90 ÷ 19 や 94 ÷ 19 等に限られる。仮商の修正 6 回はない。

見つけることができた仮商の修正 5 回の筆算は，A4 用紙
に書いて掲示する。3 回以上の仮商の修正がある筆算はそん
なに多くない。計算をする方法さえわかれば，必要以上に練
習する必要もない。

学習のまとめをする。

ふりかえりシートが活用できる。

第 **7** 時　**3位数÷2位数＝1位数の筆算**

3けた÷2けたの筆算ができるようになろう

板書例

1　177 まいの折り紙を 35 人で同じまい数に分けます。
1人あたり何まいずつになりますか。

式　177 ÷ 35

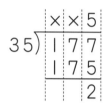

答え　5まい，あまり2まい

2

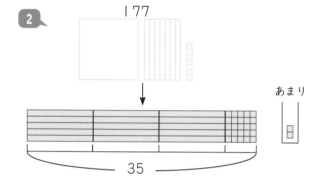

あまり

〈 たしかめ算 〉
5 × 35 ＋ 2 ＝ 177

POINT　3位数÷2位数＝1位数の筆算もわり算の手順（わり算のじゅもん）通りにすればできる ことを子どもたち自身が見つけ

1　177 ÷ 35 の筆算方法を考えよう

問題文を提示する。

C　式は 177 ÷ 35 です。

T　177 ÷ 35 を筆算でやってみましょう。

見通しがもてるように全体で話し合う。

C　今まではわられる数が2桁だったけど3桁になったよ。でも，筆算の手順通りにやればできそうだね。

片手かくして 商がたつ位を決める	両手かくして 商をたてる
35)17 → 35)177	3⑩)17⑩
百の位にも十の位にも商がたたない。 一の位に商がたつ	17÷3となり， 商に5をたてる

C　続きは，「かける」「ひく」（「おろす」）をするよ。答えは5枚，あまり2枚だ。

2　答えをブロック操作で確かめよう

T　答えは『5 あまり 2』で正しいでしょうか。

C　ブロック 177 個を 35 人に配ってみたら確かめられます。

代表の子どもが黒板でブロック操作をする。

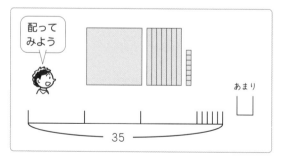

配ってみよう

あまり

C　1人あたり5個ずつで，2個あまる。

C　たしかめ算でも　5×35＋2 ＝ 177 になった。

C　3桁になっても同じ手順で計算すればいいんだね。5枚ずつ配れて，2枚あまる。

| 準備物 | ・算数ブロックと入れ物
・板書用（片手・両手かくし用）手
QR ふりかえりシート
QR 文章問題づくりシート | I C T | ふりかえりシートのデータを配信すると，子どもたちはわり算の筆算の仕方を反復練習でき，商の見通しをもつためのコツを掴むことができる。 |

3 〈279 ÷ 48〉

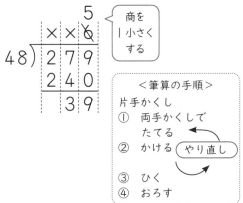

商を1小さくする

<筆算の手順>
片手かくし
① 両手かくしでたてる
② かける 〔やり直し〕
③ ひく
④ おろす

4 〈マスター練習〉

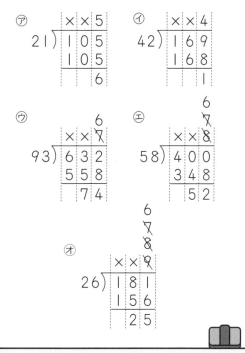

㋐ 21)105
　　　105
　　　　6

㋑ 42)169
　　　168
　　　　1

㋒ 93)632
　　　558
　　　 74

㋓ 58)400
　　　348
　　　 52

㋔ 26)181
　　　156
　　　 25

まとめ

３けた÷２けたになってもわり算の筆算の手順通りにすればできる。

られるようにします。

3 279 ÷ 48 を同じ手順で筆算してみよう

「両手かくし」で商に6をたてて計算してみたけどひけないよ

こういう場合は，前にやったように商を1小さくすればいいと思うよ

48)279
　 288

C　商は6でダメなら1小さくして5にすればできる。
C　3桁÷2桁になっても同じような手順で計算すればいいことがわかりました。

　学習のまとめをする。

4 今日学習した筆算をマスターしよう

T　練習は，今日の学習でできるようになった筆算の5問です。

　できた人は，㋐の問題『105 ÷ 21』の文章問題を作ってみましょう。

㋐　105 ÷ 21（修正なし　わり切れる）
㋑　169 ÷ 42（修正なし　あまりあり）
㋒　632 ÷ 93（修正1回）
㋓　400 ÷ 58（修正2回）
㋔　181 ÷ 26（修正3回）

　文章問題作りをしている時間には，個別指導をして，どの子も本時の筆算ができるようにしたい。

　ふりかえりシートが活用できる。

仮商が 10 になる筆算

板書例

3けた÷2けたの筆算がもっとできるようになろう

1 203 このみかんを 21 こずつ箱に入れます。
何箱できて，みかんは何こあまりますか。

式　203 ÷ 21　　　　答え　9 箱，あまり 14 こ
　　(こ)　　(こ)

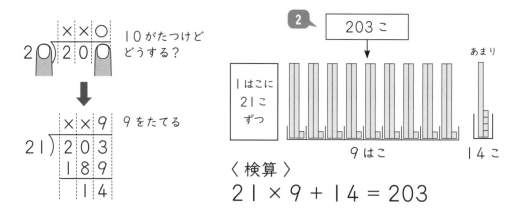

〈 検算 〉
21 × 9 + 14 = 203

POINT　ここでも，子どもたちが考えを出し合って解決していけるように進めていきましょう。

1　203 ÷ 21 の筆算をしてみよう

問題文を提示する。

C　式は，203 ÷ 21 です。

T　今までと同じように筆算してみましょう。

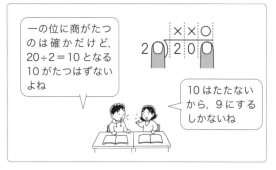

C　商を 9 にしたら，うまく計算できたよ。

C　答えは，「9 箱できて 14 個あまる」になりました。

2　ブロック操作をして答えを確かめよう

代表の子どもが黒板でブロック操作をする。

C　検算もしてみよう。21 個入った箱が 9 箱できて 14 個余ったから，21 × 9 + 14 = 203。

C　両手かくしで商に 10 がたってできないときには，商を 1 小さくして 9 にすればいいね。

・算数ブロックと入れ物
・板書用（片手・両手かくし用）手
QR ふりかえりシート
QR 文章問題づくりシート

子どもがスライド機能を使って作問した
文章をスライドに整理したものを、全体
共有すると、様々な文章に触れながら、
計算を反復練習することができる。

---

3 〈112 ÷ 15〉

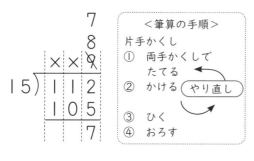

＜筆算の手順＞
片手かくし
① 両手かくして
　たてる
② かける （やり直し）
③ ひく
④ おろす

4 〈マスター練習〉

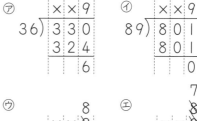

㋐ 36)330 324 6

㋑ 89)801 801 0

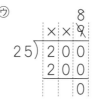

㋒ 25)200 200 0

㋓ 18)128 126 2

㋔ 19)103 95 8

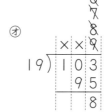

まとめ

商に 10 がたつときは商に 9 をたてる。
その後は、わり算の筆算の手順通り
に計算すればできる。

---

3 112 ÷ 15 を筆算でしてみよう

10 を 9 にした
のにうまくいか
ない。
こんなときは，
また商を 1 小さ
くすればいい。

そうだね。
今までと同じ方
法でやればでき
るはずだ

C　9, 8 とたててみたけど，それでもいけないから，
7 をたてたらたらやっとできたよ。

　102 ÷ 18 や 105 ÷ 19 のように，わられる数が 100 を
少し超える数で，わる数が 18, 19 の場合，仮商の修正が
多くなる。18, 19 を約 20 とみて仮商をたてる子がいれば，
ここで紹介するのも良い。

　学習のまとめをする。

---

4 学習した筆算をマスターしよう

T　5 問できた人は，㋐の問題の 330÷36 の式に
　なる文章問題を作ってみましょう。

㋐　330 ÷ 36（仮商 9 で修正なし　わり切れない）
㋑　801 ÷ 89（仮商 9 で修正なし　わり切れる）
㋒　200 ÷ 25（仮商 9 で修正 1 回　わり切れる）
㋓　128 ÷ 18（仮商 9 で修正 2 回　わり切れない）
㋔　103 ÷ 19（仮商 9 で修正 4 回　わり切れない）

　文章問題作りでは，本時が包含除の文章問題での導入して
いるので，包含除の文章問題を書く子もいると予想できる。
この単元で作った文章問題は台紙に貼り，算数コーナーの
掲示物にする。

　ふりかえりシートが活用できる。

3位数÷2位数＝2位数の筆算

3位数÷2位数＝2位数の筆算の仕方を理解し，計算ができるようになる。

板書例

3けた÷2けたの新たな筆算をしよう

298このくりを14人で同じ数ずつ分けます。
1人分は何こで，何こあまりますか。

式 298 ÷ 14

答え 21こ，あまり4こ

1
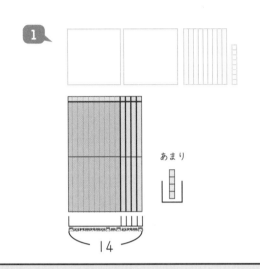
あまり

2

```
   ×21
14)298
   28
    18
    14
     4
```

片手かくし

両手かくし

たてる → たてる
かける → かける
ひく → ひく
おろす

14

POINT 商が十の位からたちます。筆算の手順（じゅもん）の最初に片手かくしがある大切さがわかります。

1 ブロック操作をして答えを求めてみよう

問題文を提示する。

C 式は，298 ÷ 14 です。

T ブロックを使って298 ÷ 14の答えを出しましょう。

代表の子どもが黒板でブロック操作をする。

298個を14人に等しく分けます。ブロックはできるだけ百や十のまとまりままで分けてみたよ

あまり

14

C 答えは，21個ずつで4個あまりです。

T ブロック操作で答えが分かりました。筆算ではどうすればできるでしょうか。

2 ブロック操作を参考に筆算の仕方を考えよう

C まず「片手かくし」
百の位 2 ÷ 14 は，×
十の位 29 ÷ 14 これは○

C 29 ÷ 14の計算
「両手かくし」で「たてる」
2 ÷ 1で2をたてます。

C 続けて「かける」「ひく」
「おろす」をします。

C 次に18 ÷ 14の計算をします。
ここでも「両手かくし」
1 ÷ 1，1を「たてる」

C 「かける」「ひく」をします。

C 答えは21あまり4です。

146

・算数ブロックと入れ物
・板書用（片手・両手かくし用）手
QR ふりかえりシート
QR 文章問題づくりシート

文章題作りシートを配信すると，子ども
は複製して何度も文章題を作問すること
ができ，それらを全体共有することで，
様々な文章題に触れることができる。

3 〈 828 ÷ 36 〉

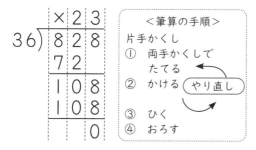

＜筆算の手順＞
片手かくし
① 両手かくしで
　たてる
② かける　　やり直し
③ ひく
④ おろす

まとめ

商が2けたになっても，
筆算の手順通りに計算
すれば，できる。

4 〈マスター練習〉

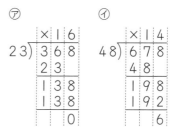

---

3 筆算の手順に沿って1人でやってみよう

　ひとりで計算するときは，1回目は「板書を見ながら」，
2回目は「板書を少しだけ見て」，3回目は「板書を見ずに」
というように次第に自信を持ってできるようにしていく。

T　828 ÷ 36（仮商の修正なしでわり切れるタイプ）
　の筆算もやってみましょう。

　まずは，各自で筆算をした後，ペアで確かめ合い，リレー
筆算（グループで順番に説明発表）をする。

片手かくし
商がたつ位を決める

②かけると
○○

①両手かくし
で商をたてる

③ひいて
○○

学習のまとめをする。

4 今日学習した筆算をマスターしよう

C　5問できた人は，㋐の問題の 368 ÷ 23 の式にな
る文章問題を作ってみましょう。

㋐　368 ÷ 23	㋑　678 ÷ 48
㋒　487 ÷ 23	㋓　975 ÷ 23
㋔　698 ÷ 48	

　㋐㋑㋔は，右上の
ように3位数÷2
位数を含む。

　㋒㋓は，右下のよ
うに2位数÷2位
数になる。

　また，㋔は仮商
の修正がある。

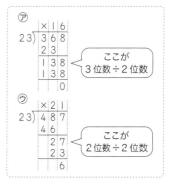

ここが
3位数÷2位数

ここが
2位数÷2位数

ふりかえりシートが活用できる。

3位数÷2位数＝2位数 のいろいろな型の筆算

板書例

商が 2 けたになるいろいろな筆算をしよう

1　　　　　　　　　　　　　　　　　　　　　　　　**2**

① 〈925 ÷ 37〉　② 〈352 ÷ 19〉　③ 〈845 ÷ 21〉

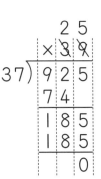

```
          2 5
       × 3 9
  37 ) 9 2 5
       7 4
       1 8 5
       1 8 5
             0
```

```
          2 8
       × 3 9
  19 ) 3 5 2
       1 9
       1 6 2
       1 5 2
           1 0
```

```
       × 4 0     ← 0をたてる
  21 ) 8 4 5
       8 4
           5
           0     ← 省りゃくできる
           5
```

かりの商は1つずつ小さくする。　　商の一の位に0をたてる

楽に早くできる方法 　…………………………………………………

POINT　3位数÷2位数の仕上げの学習です。友だちと 楽しい計算ゲームをしながらの教え合いができる機会をつくります。

---

1 筆算の手順に沿って計算してみよう

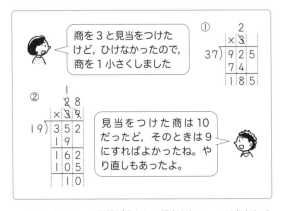

　商を3と見当をつけたけど，ひけなかったので，商を1小さくしました

　見当をつけた商は10だったが，そのときは9にすればよかったね。やり直しもあったよ。

　このあたりまで学習が進むと，仮商をたててやり直さなくてもおよその商をたてることができるようになっている子がいるはず。筆算の手順通りにすればできることを前提にしながらもどうすれば楽に早くできるのか，その工夫の仕方を交流して学びあうことも大切にする。

2 新たなタイプの筆算をやってみよう

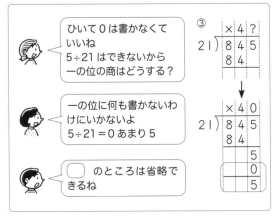

　ひいて0は書かなくていいね
　5÷21はできないから一の位の商はどうする？

　一の位に何も書かないわけにいかないよ
　5÷21＝0あまり5

　□のところは省略できるね

T　960 ÷ 32の筆算もやってみましょう。
C　この計算も一の位は0になるね。

スライド機能を利用してゲーム用カード
を作って配信すると，子どもはスライド
を繰り返し使ってゲームをすることで，
計算の反復練習をすることができる。

④〈960 ÷ 32〉

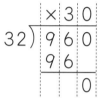

感　想

3 わり算筆算ゲーム

カード
・1〜9（2まいずつ）0が1まい。
・5まいずつくばる。
・5まいの数字を□に入れて筆算する。
（■に0を入れない）

商が15に近い方が勝ち
　※　商が同じ場合はあまりが小さい方が勝ち
　※　計算まちがいがあったら負け
　（相手のひっ算をよく見る）

3　わり算筆算ゲームをしよう

　□□□÷□□のどんな計算もできるように
なったので，ゲームをしましょう

(1)　準備物
　　1〜9までのカードを2枚ずつと0を1枚
(2)　ゲームの方法
　ア　ペアでする
　イ　カードをよく混ぜ，見えないように5枚ずつ配る。
　ウ　5枚のカードで □□□÷□□ の式をつくり筆算をする。
　　　商は2桁でも1桁でも良い。
　　　商が15に近い方が勝ちとする。
　　　商が同じ場合はあまりが小さい方が勝ちとする。
　※　0を■の位置にすることはできない。
　※　計算間違いは負けになる。　■□)■□□
　※　相手の計算がすんでから，自分の計算を始める。
　　　（相手の計算をよく見るように注意する。）

例　4 6 7 0 5 と 6 3 9 7 5 の場合

　㋐

```
        × 1 5
  50 )7 6 4
      5 0
      2 6 4
      2 5 0
          1 4
```

　㋑

```
        × 1 5
  63 )9 7 5
      6 3
      3 4 5
      3 1 5
          3 0
```

商は同じなので，あまりの小さい㋐の勝ち

ルールの変更もできる
　商が小さい方が勝ち，商が大きい方が勝ち，
　カードのチェンジが1回だけできる，など。

学習の感想を書く。
ふりかえりシートが活用できる。

板書例

どんなわり算の筆算もできるようになろう

1

① 〈8674 ÷ 32〉　② 〈8731 ÷ 43〉

2

③ 〈6285 ÷ 73〉

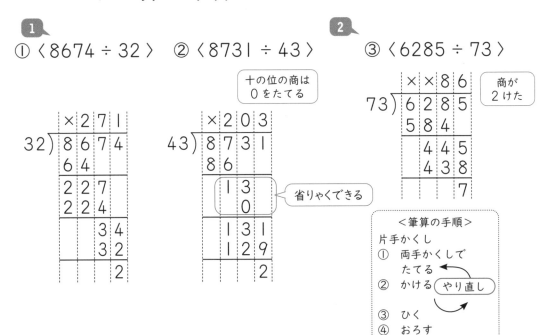

十の位の商は0をたてる

省りゃくできる

商が2けた

＜筆算の手順＞
片手かくし
① 両手かくしでたてる
② かける　やり直し
③ ひく
④ おろす

POINT 「整数のわり算の筆算はこれで終了です！これで整数のどんなわり算の筆算もできるようになりました！」と頑張って学習

1 8674 ÷ 32 を筆算でやってみましょう

「片手かくし」から始めたら、商は百の位からたつことがわかるよ

この後も「筆算の手順」通りにすればできるかな

4位数÷2位数になっても「筆算の手順」に沿ってすれば計算できることを確かめる。

②の筆算 8731 ÷ 43 では十の位に0がたつ。前時に商の一の位に0がたつ筆算をしている。板書の赤枠で囲んだところは省略できるが、「たてる」「かける」「ひく」「おろす」のアルゴリズム（手順）を崩すのが苦手な子もいるので、必ず省略することを強制する必要はない。

2 6285 ÷ 73 を筆算でやってみましょう

「片手かくし」から商は十の位からたつね

次に両手かくしをすれば、62÷7で、8をたてることができるね

「片手かくし」で十の位から商がたつことがわかり、「筆算の手順」通りにすればできる。

④の筆算 1627 ÷ 56 では、十の位に仮商の3をたてて修正をする。このように、ここではこれまで学習してきたことを生かしながら筆算をすることになる。

・ゲーム用カード
・板書用（片手・両手かくし用）手
QR ふりかえりシート

第10時でスライド機能を使ってゲーム用カードを作成した場合，本時でもそれを活用して，ゲームを通して計算の仕方を，数を入れ替えながら反復練習できる。

3

④〈1627 ÷ 56〉　⑤〈716 ÷ 314〉　⑥〈7222 ÷ 314〉

わる数が3けた

```
           2
     × × 3 9
 56) 1 6 2 7
     1 1 2
       5 0 7
       5 0 4
           3
```

```
     × × 2
314) 7 1 6
     6 2 8
       8 8
```

```
     × × 2 3
314) 7 2 2 2
     6 2 8
       9 4 2
       9 4 2
           0
```

4

〈商が大きい方が勝ち わり算筆算ゲーム〉

■□) ■□□□

・6まいずつくばる。くばった順に並べる。
　（■に0がきたらこうかん）
・商が大きい方が勝ち。
　（相手の筆算をよく見る）

したことを称えましょう。

3 3位数でわる筆算にチャレンジしてみよう

「片手かくし」をすると，商は一の位だけとわかる
⑤
```
     × × ○
314) 7 1 6
```
↓
「両手かくし」2けたずつかくしたら商に何がたつかわかる
```
     × × ○
30 ) 7 ○
```

　3位数でわる筆算がよく使われるのは，円周の長さから直径の長さを求めるときで，「円周÷3.14」の計算をする。教科書でも「314」でわる計算を扱っている。
　2問目⑥7222÷314も314でわる計算。商が2桁になる。

4 わり算筆算ゲームをしよう

準　備
　　1から9までのカードを2枚ずつと，
　　0のカードを1枚

ルール
　　基本的に2人で対戦する。
　　カードを裏返しにして1人6枚ずつ配る。
　　6枚のカードを左から順番に並べる。
　　数字の先頭に0がきたらカードを交換する。
　　計算をして商が大きい方が勝ちとする。

※　カードの種類やルールは学級の実態に応じて
　　変えても良い。

学習のまとめをする。
ふりかえりシートが活用できる。

わり算の性質

板書例

わり算のきまりを見つけよう

1

□円を 1 人に○円ずつ分けます。
何人に分けることができますか。

⑦　　　6 円を 1 人に　　　3 円ずつ

① ①
① ①
① ①

① 　　　60 円を 1 人に　　30 円ずつ

10 10
10 10
10 10

⑦ 　　600 円を 1 人に　 300 円ずつ

100 100
100 100
100 100

⑤ 　6000 円を 1 人に 3000 円ずつ

千円 千円
千円 千円
千円 千円

〈どれも答えは同じ〉

$6 \div 3 = 2$

×10　　×10　　×10
　　÷10　　　÷10

$60 \div 30 = 2$

×10　　×10　　×10
　　÷10　　　÷10

$600 \div 300 = 2$

×10　　×10　　×10
　　÷10　　　÷10

$6000 \div 3000 = 2$

POINT お金を使うことで，どの計算も「6 ÷ 3」になることを印象深く学習し，後の学習につないでいくようにしましょう。

1 ⑦〜⑤の答えを求める式を書きましょう

100 100 100 100 100 100
10 10 10 10 10 10
① ① ① ① ① ①

3 円ずつ，
30 円ずつ
300 円ずつ
配る

どれも答えは
同じになるね

C ⑦は，6(円) ÷ 3(円 / 人) = 2(人)
　答え 2 人

C ①は，60(円) ÷ 30(円 / 人) = 2(人)
　答え 2 人

C ⑦も実際に配っているのは 100 円玉 6 枚だ
　から，6 ÷ 3 と同じ答えになります。

C ⑤も配るのは 1000 円札 6 枚だから，これも
　6 ÷ 3 と同じ答えになるよ。

2 4 つの式からわかったことを話し合おう

答えはどれも同じ 2 でした

どれも 6 枚を 3 枚ずつ分け
る計算になっています

60÷30 = 2 は，6÷3 = 2 の
わられる数とわる数どちらにも
10 をかけた計算です

600÷300 = 2 では，6÷3 = 2 の
わられる数とわる数どちらにも
100 をかけた計算です

C わられる数とわる数に 10，100，1000 を
　かけても，わられる数とわる数を 10，100，
　1000 でわっても商は変わらないね。

3

$$6 \div 3 = 2$$
$$\downarrow \times 2 \quad \times 2 \downarrow$$
$$12 \div 6 = 2$$
$$\times 3 \qquad \times 3$$
$$18 \div 9 = 2$$
$$\times 4 \qquad \times 4$$
$$24 \div 12 = 2$$

$$300 \div 40 = 7 \text{あまり} 20$$

あまりに注意

4 〈わり算のきまりを使って〉

① 工夫して計算しましょう。
 ① $1500 \div 300$　　（÷100）
 　$= 15 \div 3 = 5$
 ② $28000 \div 7000$　（÷1000）
 　$= 28 \div 7 = 4$

② □にあてはまる数を書きましょう。
 ① $360 \div 90 = 36 \div □$　（÷10）
 　　　　　$□ = 9$
 ② $240 \div 60 = 120 \div □$　（÷2）
 　　　　　$□ = 30$

③ $2000 \div 600$ を計算して, たしかめ算もしましょう。
 $20 \div 6 = 3$ あまり 2（÷100）　3 あまり 200
 〈たしかめ算〉$600 \times 3 + 200 = 2000$

まとめ	わり算ではわられる数とわる数に同じ数をかけても, わられる数とわる数を同じ数でわっても, 商は変わらない。

3 わられる数とわる数に他の数をかけても同じことがあてはまるのか調べよう

$$6 \div 3 = 2$$
$$12 \div 6 = 2$$
$$18 \div 9 = 2$$

2倍, 3倍しても答えは同じだね 何倍でも同じだ

同じ数でわっても同じだね

わり算では, わられる数とわる数に同じ数をかけても, 同じ数でわっても商は変わらないことをまとめておく。

T　$30 \div 4$ と $300 \div 40$ を計算してみましょう。

C　どちらにも「× 10」だから答えは同じになる。

C　でも, $300 \div 40$ の答えはあまり 2 ではなく 20 だよ。

　本単元の第 1 時でも扱った「あまりの大きさ」は, 間違いの多いところなので再度確認しておく。

4 「わり算の性質」を使って答えよう

① 工夫して計算しましょう。
 ① $1500 \div 300$
 ② $28000 \div 7000$

② □にあてはまる数を書きましょう。
 ① $360 \div 90 = 36 \div □$
 ② $240 \div 60 = 120 \div □$

③ $2000 \div 600$ を計算して, たしかめ算もしましょう。

ふりかえりシートが活用できる。

倍 (割合)

◎ 学習にあたって ◎

<この単元で大切にしたいこと>

学習指導要領の改訂で、「割合」を 4 年生から学習することになりました。割合は倍によって表される 2 つの量の関係ですが、その関係概念を理解するには倍の理解がとても重要です。倍については 2 年生のかけ算の後半で「倍のかけ算」を学習し、3 年生のわり算の後半で「倍を求めるわり算」を学習しています。しかし、あまりにも学習配当時間が少なく、倍が十分には理解できていないのが現実です。

4 年生で割合の学習をするにあたっては、倍を「働き」として理解しておく必要があります。そこで、ある量を 2 倍・3 倍に拡大する作図の操作（にらめっこ図の作成）を通して、「倍するといくら？」「何倍になった？」「倍する前はいくら？」という「倍の 3 用法」の学習を行い、それぞれの場面で「割合」につなげています。

<数学的見方考え方と操作活動>

割合は 2 つの量を比較して大きさの関係を表す方法で、一方を 1 とみたとき他方がそのいくつ分に見えるかを「倍」によって表します。そして 2 つの量の種類によって、倍は次の 3 つのパターンに分類されます。

「操作の倍…」　　A が 2 倍になる（同一物の量の変化や操作を表す）
「関係の倍…」　　B は A の 2 倍の大きさ（同一でない 2 つの量の大きさの関係を表す）
「分布の倍…」　　部分 B は全体 A の P 倍である（全体と部分の比を表す）

現行の教科書ではこういった分類に沿った指導展開は行われていません。しかし、ここに示した 3 つのパターンはそれぞれに特徴があり、その特徴を意識して指導する必要があります。基本となるのは「操作の倍」で、同一物の変化や操作を扱うことから、子どもたちにもわかりやすいパターンです。ここで、例えばタケノコが 2 倍に伸びた絵図や、つくしが 3 倍に伸びた絵図をかかせたりすることで「倍するといくつになる」操作体験をします。次にこの絵図操作を「にらめっこ図」に結びつけ、「にらめっこ図」を通して、変化や操作の割合を求めさせたり、基の量を割合でわることで求めたりする操作を体験させます。

<個別最適な学び・協働的な学びのために>

ここでは基本的に「操作の倍」を核としてプランを組み立てます。子どもたちは 2 倍の大きさの絵や 3 倍の大きさの絵を描くことで倍の概念を身につけていきます。4 年生の段階では整数倍しか扱わないので、2 倍、3 倍の図はかきやすく、どの子も進んで学習に参加できます。また、友だちと図を見せあったり確認し合ったりすることで、対話的な深い学びができます。割合の学習で最もやっかいなのが比較量を割合でわって基の量を求める場面ですが、ここもにらめっこ図を使うとみんなで考えられるようになり、話し合いができます。

知識および 技能	割合の意味を理解し，割合を使って数量の関係を手際よく比較することができる。
思考力，判断力， 表現力等	数量の関係の比べ方について考察し，割合の特徴に触れながら説明している。
主体的に学習に 取り組む態度	数量の関係を比べるときに，進んで割合を調べて比較しようとしている。

◎ 指導計画　5 時間 ◎

時	題	目　標
1	倍の意味	倍の意味がわかり，2 倍，3 倍の図がかける。
2	比べる量を求める	にらめっこ図をかき，○倍した数を計算で求めることができる。
3	倍を求める	にらめっこ図を見て，何倍になっているかを計算で求めることができる。
4	もとにする量を求める	にらめっこ図を見て，もとにする量を計算で求めることができる。
5	倍の倍から求める	「2 倍の 3 倍は 6 倍」という考え方を使って，「もとにする量」を求めることができる。

板書例

今日のタケノコは昨日のタケノコのいくつ分の大きさかな

1 〈コンパスで調べよう〉　　　**2** 〈2倍の高さの絵をかいてみよう〉

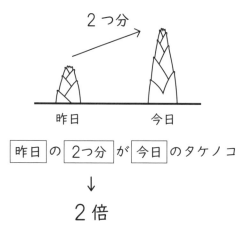

2つ分

昨日　　　今日

昨日 の 2つ分 が 今日 のタケノコ

↓

2倍

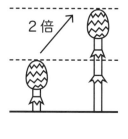

2倍

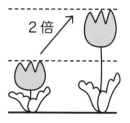

2倍

POINT　2年生から学習している「倍」ですが，ここで1からしっかりと「倍」（割合）について学習できるようにします。

---

1 今日のタケノコの高さは，昨日のタケノコの高さのいくつ分ですか

昨日と今日のタケノコの絵を提示する。
ワークシートを使って学習できる。

T　タケノコは何と1日に30cm以上伸びるときもあります。

　今日のタケノコの高さは昨日のタケノコの高さのいくつ分になっているでしょうか。

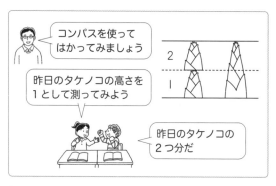

コンパスを使って
はかってみましょう

昨日のタケノコの高さを
1として測ってみよう

昨日のタケノコの
2つ分だ

T　このように，2つ分の高さになることを「もとの2倍の高さになる」といいます。

2 2倍の高さの絵をかいてみよう

T　ツクシ，チューリップの絵があります。コンパスを使ってこれらの2つ分，つまり2倍の高さの絵をかいてみましょう。

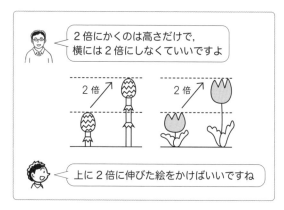

2倍にかくのは高さだけで，
横には2倍にしなくていいですよ

2倍　　　2倍

上に2倍に伸びた絵をかけばいいですね

T　絵がかけたら，コンパスを使って隣の人と2倍になっているかを確かめ合いましょう。

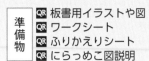

| 準備物 | QR 板書用イラストや図
QR ワークシート
QR ふりかえりシート
QR にらめっこ図説明 | I C T | 子どもがノートに表したにらめっこ図などを撮影し，共有機能を使って全体共有すると，対話的に「倍」の意味に迫っていくことができる。 |

③

〈にらめっこ図をかいてみよう〉

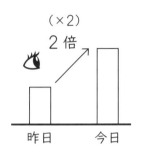

④

〈にらめっこ図の練習をしよう〉

・B のビルは A のビルの 3 倍の高さです。

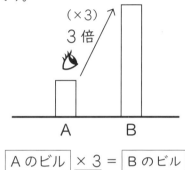

$$\boxed{\text{A のビル}} \times 3 = \boxed{\text{B のビル}}$$

まとめ

・2 つ分のことを 2 倍という。（倍）
・にらめっこ図で倍を表すことができる。

---

3 タケノコの絵を「にらめっこ図」でかいてみよう

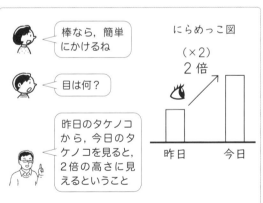

T これを『にらめっこ図』といいます。みんなもかいてみましょう。

┌ この図を次のような式に表すことができる

$$\boxed{\text{昨日のタケノコ}} \times 2 = \boxed{\text{今日のタケノコ}}$$

4 「にらめっこ図」の練習をしよう

T 『B のビルは A のビルの 3 倍の高さです。』これをにらめっこ図に表してみましょう。

C 今度は別の 2 つのものを比べているんだね。

T これをことばの式に表すとどうなりますか。

C 「A のビルの高さ × 3 ＝ B のビルの高さ」になります。

学習のまとめをする。
ふりかえりシートが活用できる

板書例

○倍した数を求めよう

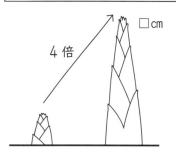

1 日曜日 15cmだったタケノコが4日後，4倍にのびました。タケノコは何cmになりましたか。

式　（15cm）の（4倍）は（□cm）

15 × 4 ＝ 60

60cm

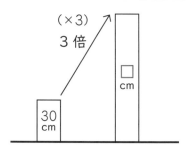

2 30cmの氷柱が，ひとばんで3倍にのびました。氷柱は何cmになりましたか。

式　30cmの3倍は□cm

30 × 3 ＝ 90

90cm

POINT 問題文をにらめっこ図に表せば，何を求めている問題かがすぐにわかります。にらめっこ図から問題を作ることで，「倍」

---

1 15cmの4倍は何cmですか

問題文とタケノコの絵図を提示する。
ワークシートを使って学習できる。

T 問題文を絵図に表しています。（ ）にわかっている数値を入れましょう。

> わかっているのは日曜日のタケノコの高さ。「もとになる大きさ」は15cmだね

> 求めるのは4日後の，4倍になったタケノコの高さだね

> わからないところは□としましょう

T 式に表すとどうなりますか。

C 15 × 4 ＝ 60 で，答えは60cmです。

コンパスでもとの高さの4つ分になっていることを確認する。

2 氷柱の問題をにらめっこ図に表して解いてみよう

問題文を提示する。

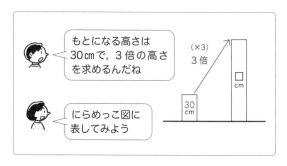

> もとになる高さは30cmで，3倍の高さを求めるんだね

> にらめっこ図に表してみよう

T 図の下に言葉の式を書いて，式を立ててみましょう。

C 30cmの3倍は□cm。

30 × 3 ＝ □

言葉の式と数字の式をセットで表す。

C 図の通りに式を立てたらいいね。

学習のまとめをする。

準備物
QR 板書用イラストや図
QR ワークシート
QR 問題作成シート
QR ふりかえりシート

I C T　スライド機能を活用して文章問題を自由に作るようにすると，子どもたちは様々な文章題に触れ，楽しみながら倍の求め方に迫ることができる。

まとめ　図に合わせて言葉の式にすれば，数字の式に表して〇倍した数を求めることができる。

3 〈にらめっこ図に合う問題を作ろう〉

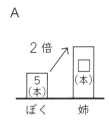

A
2倍
5（本）
（本）
ぼく　姉

ぼくは，えん筆を5本持っています。お姉さんは，ぼくの2倍のえん筆を持っています。・・・

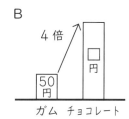

B
4倍
50円
円
ガム　チョコレート

ガムは1こ50円です。チョコレート1こは，ガムのねだんの4倍です。チョコレートは1こ・・・ですか。

4 〈自由に問題を作ってみよう〉

できたらグループ内でこうかんして，問題をとき合おう。

の関係の理解が深まります。

3　にらめっこ図に合う問題を作ってみよう

T　AとBの2つのにらめっこ図があります。どちらかの図を選んで，図に合った問題を作ってみましょう。

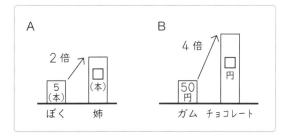

A
2倍
5（本）
（本）
ぼく　姉

B
4倍
50円
円
ガム　チョコレート

C　私は，Aの図を使った問題にしよう。「ぼくは，鉛筆を5本持っています。お姉さんは，ぼくの2倍の鉛筆を持っています。お姉さんは鉛筆を何本持っていますか。」

C　5×2＝□や50×4＝□の式になる問題を作ったらいいね。

　　子どもたちが作った問題を発表し合う。

4　「倍するといくつ」の問題を作って友だちに解いてもらおう

T　今度は，自分で数字も決めて『倍するといくつ』の問題を作り，グループの人に問題を解いてもらいましょう。

　　問題作成用のシートを2〜3枚ずつ配り，できたらグループ内で用紙を交換して問題を解く。

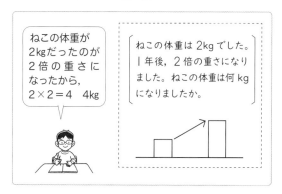

ねこの体重が2kgだったのが2倍の重さになったから，
2×2＝4　4kg

ねこの体重は2kgでした。1年後，2倍の重さになりました。ねこの体重は何kgになりましたか。

　　ふりかえりシートが活用できる。

倍を求める

板書例

何倍かを求めよう

1 昨日 5cm だったタケノコが，今日は 20cm になっていました。何倍になりましたか。

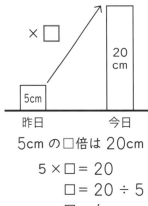

5cm の □倍は 20cm

$5 × □ = 20$

$□ = 20 ÷ 5$

$□ = 4$

__4 倍__

2 水族館でイルカとクジラを 1 年間育てたところ，1 年で次の表のように成長しました。どちらがよく育ったといえますか。

	もとの体長	今の体長
イルカ	1m	4m
クジラ	3m	6m

〈みんなの考え〉

・クジラ　6m は 4m よりも大きいから

・同じ　　$4 - 1 = 3$　　$6 - 3 = 3$
　　　　　どちらも 3m 大きくなっている

・イルカ　$4 ÷ 1 = 4$　4 倍になっている

・クジラ　$6 ÷ 3 = 2$　2 倍になっている

POINT　まずは問題文をにらめっこ図に表します。何を求める問題なのか，何算で求められるのか図をもとに考えます。

1 問題文をにらめっこ図に表して何倍になったかを考えよう

問題文を提示する。

C　もとになる大きさは 5cm で，□倍になった大きさも 20cm とわかっている。

にらめっこ図に数値と□を書き入れる。

T　今までと同じように言葉の式に表してから数字の式を立てましょう。

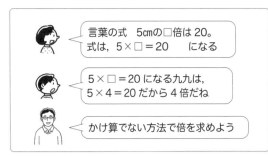

言葉の式　5cmの□倍は 20。
式は，$5 × □ = 20$　になる

$5 × □ = 20$ になる九九は，$5 × 4 = 20$ だから 4 倍だね

かけ算でない方法で倍を求めよう

倍はわり算で求められることを説明する。

C　$□ = 20 ÷ 5$ と，わり算で求めることができます。

2 イルカとクジラでは，どちらがよく育ったのか比べよう

問題文と表を提示する。

C　もとになる大きさが違うからどうやって比べようかな。

「イルカ　クジラ　同じ」のどれかを選び，なぜそう考えたか理由を発表し合う。

クジラだと思います。6m でクジラの方が大きいからです（大きさで考える）

同じだと思います。どちらも 3m ずつ大きくなっているからです（差で考える）

イルカだと思います。
理由は，イルカ 4 倍，クジラは 2 倍の大きさになっているからです（倍で考える）

3

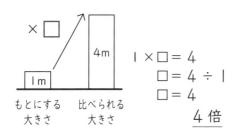

イルカ

1 × □ = 4
　　□ = 4 ÷ 1
　　□ = 4
　　　　　　4 倍

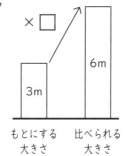

クジラ

3 × □ = 6
　　□ = 6 ÷ 3
　　□ = 2
　　　　　　2 倍

4

まとめ

> もとにする大きさ（もとの体長）を 1 としたとき，比べられる大きさ（今の体長）がそのいくつ分（何倍）にあたるかを表した数を「割合」といいます。

> 倍（割合）＝ 比べられる大きさ ÷ もとにする大きさ

3 よく育つとはどういうことか，図に表して考えよう

T　イルカとクジラをにらめっこ図で表してみよう。

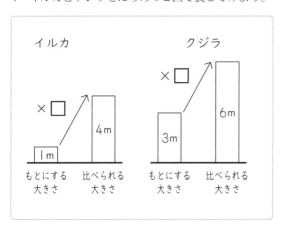

T　このように，もとにする大きさが違うときは，もとの体長と今の体長を比べて，今の体長がもとの体長の何倍になったかで比べます。

C　イルカは 4 倍，クジラは 2 倍だからイルカの方がよく育ったといえるね。

4 割合で比べる良さを考える

T　もとにする大きさ（もとの体長）を 1 としたとき，比べられる大きさ（今の体長）が，そのいくつ分（何倍）にあたるかを考えます。この何倍にあたるかを表した数を「割合」といい，「割合」で比べると，成長ぐあい（伸びぐあい）が大きいのはどちらかの判断ができます。

> イルカのもとの体長 1m を 1 としたとき，今の体長 4m は 4 にあたる大きさだね

> クジラのもとの体長 3m を 1 としたとき，今の体長 6m は 2 にあたる大きさということだね

学習のまとめをする。

ふりかえりシートが活用できる

板書例

○倍する前の数を求めよう

1
今日，タケノコの長さを測ると 30cm ありました。父に言うと，「お！1日で2倍になったな」と言います。昨日のタケノコは何cmでしたか。

$$× 2$$

昨日　□cm　→　今日　30cm

2
□cm の 2 倍は 30cm
$$□ × 2 = 30$$
$$□ = 30 ÷ 2$$
$$□ = 15$$

__15cm__

3
もとにする大きさ

父の体重は 81kg で，妹の体重の 3 倍だそうです。妹の体重は何kgですか。

＜図はどっち？＞

A
$$× 3$$
妹　□kg　→　父　81kg

B
$$× 3$$
父　81kg　→　妹　□kg

妹の体重の 3 倍
3 倍だから大きくなる

A の図が正しい

POINT　本時もにらめっこ図を使って「倍」「もとにする量」「比べられる量」の三者の関係をまとめ，立式していきます。

---

1 問題文をにらめっこ図に表して考えよう

C 「倍」は「2 倍」とあるからすぐにわかるよ。

C 「もとにする大きさ」と「比べられる大きさ」が何かを考えないといけないね。

C 昨日のタケノコから見て今日のタケノコが 2 倍だから，もとにする大きさは昨日のタケノコだよ。

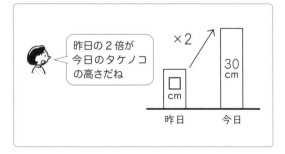

昨日の 2 倍が今日のタケノコの高さだね

T 昨日のタケノコの高さはどのくらいか予想しましょう。

2 「もとにする大きさ」を求める方法を考えよう

T 「□cmの 2 倍が 30cm」を式にするとどうなりますか。

C □× 2 = 30 です。

　図の下に，「□cmの 2 倍は 30cm」と「□× 2 = 30」をセットで書く。

T □をどうやって求めたらよいか話し合おう。

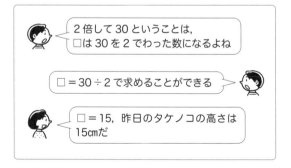

2 倍して 30 ということは，□は 30 を 2 でわった数になるよね

□＝30÷2 で求めることができる

□＝15，昨日のタケノコの高さは 15cmだ

T 『もとにする大きさ＝比べられる大きさ÷倍（割合）』で求めることができます。

4

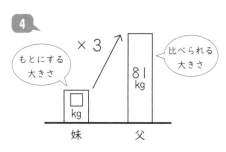

□kgの3倍は81kg

$$□ × 3 = 81$$
$$□ = 81 ÷ 3$$
$$□ = 27$$

<u>27kg</u>

〈にらめっこ図を見て問題をつくろう〉

A

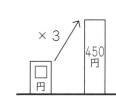

$$□ × 3 = 450$$

B

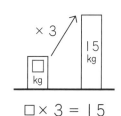

$$□ × 3 = 15$$

まとめ

文の「〇の□倍」で，「〇の」にあたるのが「もとにする大きさ」

もとにする大きさ ＝ 比べられる大きさ ÷ 倍（割合）

3 妹の体重は何kgか，にらめっこ図の表し方を考えましょう

各自がにらめっこ図をかく時間を取り，全体で確認する。

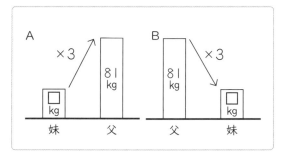

T　AとBではどちらのにらめっこ図が正しいですか。

C　「もとにする大きさ」がどちらになるかだね。

C　「妹の体重 ⓪ 」とあるから妹の体重がもとにする大きさだよ。

C　3倍なのに，父より棒が低くなっているのは変だから，Aが正しい。

重要なのは，「もとにする量」が何かを判別すること。

4 どちらかの図を選んで，その図に合う文章問題を作ってみよう

問題作成シートを使って学習する。

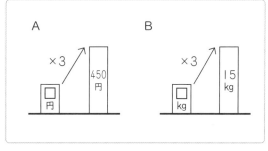

C　Aは□×3 ＝ 450（円），Bは□×3 ＝ 15（kg）になる問題文を作ったらいいね。

C　Aだと，「ブドウの値段は450円で，リンゴの値段の3倍だそうです。リンゴの値段はいくらですか。」

学習のまとめをする。

ふりかえりシートが活用できる

倍の倍から求める

板書例

倍の倍から求めよう

1 月曜日，庭にタケノコが生えました。
火曜日，タケノコは 3 倍にのびました。
水曜日，タケノコは火曜日の 2 倍に
のびて 30cm になっていました。
月曜日のタケノコは何cmでしたか。

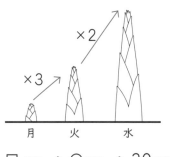

2 ㋐　□ × 3 ＝ ○　○ × 2 ＝ 30
30 ÷ 2 ＝ 15（火曜日のタケノコ）
15 ÷ 3 ＝ 5　（月曜日のタケノコ）

㋑　□ × 3 × 2 ＝ 30
3 × 2 ＝ 6　（3 倍の 2 倍は 6 倍）
□ × 6 ＝ 30
□ ＝ 30 ÷ 6
□ ＝ 5　　　　　　　5cm

□ cm → ○cm → 30cm
　　　3 倍　　　2 倍

POINT　まずは，3つのタケノコの関係をにらめっこ図に整理して，関係が目に見えるように表すことです。そうすれば解決の糸口

---

1 問題文をにらめっこ図に表してみよう

問題文を提示する。

C　今までは，2つのタケノコを比べていたけど，これは3つのタケノコを比べているね。

T　にらめっこ図に表すとどうなるでしょう。高さに注意してかいてみましょう。

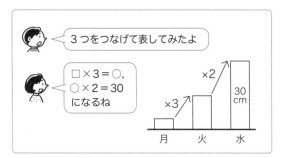

C　1つの式にして，□× 3 × 2 ＝ 30 としてもいいと思う。

2 「月曜日」のタケノコの高さを求めよう

㋐　□ ×3 ＝○　○ ×2 ＝ 30
㋑　□ ×3×2 ＝ 30

T　それぞれの計算の仕方を説明してください。

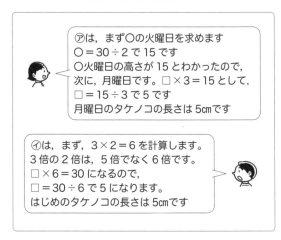

T　㋐と㋑どちらの方法でも 5cmになりましたね。

準備物 ■ 板書用イラストと図
■ ふりかえりシート

ICT 「倍の倍」をする時の考え方について子どもがノートに書いた式や図を撮影し，共有機能を使って全体共有すると，互いの様々な考え方に触れることができる。

3 ㋐　順々方式

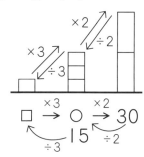

□ ──×3──→ ○ ──×2──→ 30
　　↖──÷3──15──÷2──↙

㋑　一発方式

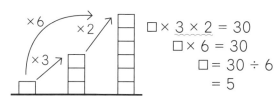

$□ × 3 × 2 = 30$
$□ × 6 = 30$
$□ = 30 ÷ 6$
$\quad = 5$

3 倍の 2 倍は，$3 × 2 = 6$　6 倍

4 〈一発方式でやってみよう〉

カン入りのクッキーの数は 96 こで，
ビン入りのクッキーの数の 2 倍です。
ビン入りのクッキーの数はふくろ入り
の 4 倍です。
ふくろ入りのクッキーは何こですか。

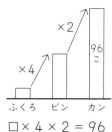

$□ × 4 × 2 = 96$
$□ × 8 = 96$
$□ = 96 ÷ 8$
$□ = 12$

12 こ

$□ × 4 × 2 = 96$

が見えてきます。

3 ㋐と㋑の考えを図で確かめよう

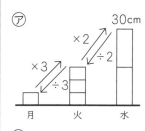

まず，「火曜日」の高さを求めてから「月曜日」を求める。

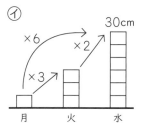

「水曜日」の 30cm が，「月曜日」の何倍になっているかを考えてから求める。

㋐を「順々方式」，㋑を「一発方式」と名づけておく。

4 ㋑（一発方式）の方法で解いてみよう

クッキーの問題文を提示する。

T　まずは，にらめっこ図に表してみましょう。

C　㋑の方法は，96 個が袋入りの□個の何倍になっているかを 先に考える方法だね。

C　$□ × 4 × 2 = 96$だから，$4 × 2$で8 倍になっている。

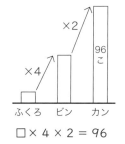

$□ × 4 × 2 = 96$

C　$□ = 96 ÷ 8$で，□は 12（個）になります。

学習のまとめをする。

ふりかえりシートが活用できる

倍（割合）　165

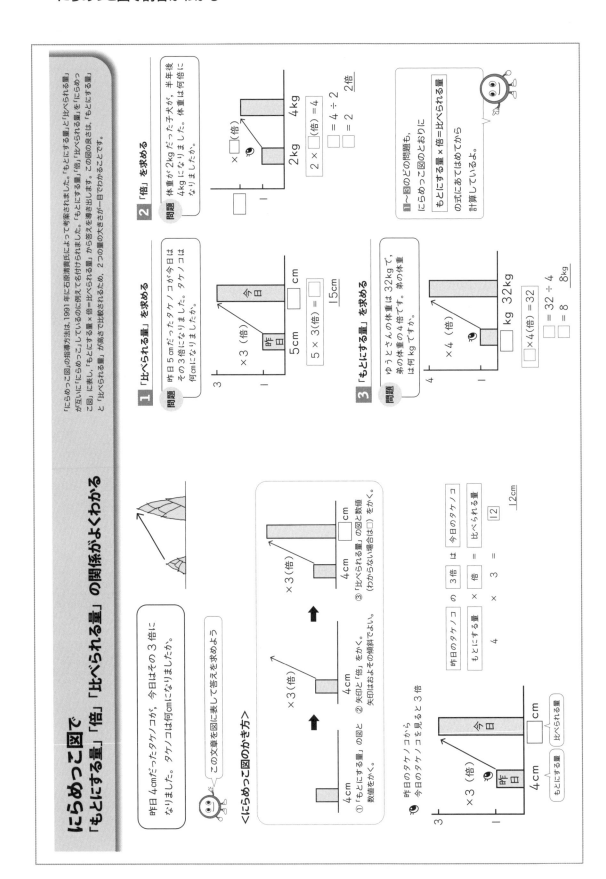

にらめっこ図で
「もとにする量」「倍」「比べられる量」の関係がよくわかる

「にらめっこ図」の指導方法は、1991年に石原清貴氏によって考案されました。「もとにする量」と「比べられる量」がお互いに「にらめっこ」しているのに似せて名付けられました。「もとにする量」「倍」「比べられる量」をにらめっこ図に表し、「もとにする量 × 倍 = 比べられる量」から答えを導き出します。この図の良さは、「もとにする量」と「比べられる量」が斜めで比較されるため、2つの量の大きさが一目でわかることです。

<にらめっこ図のかき方>

昨日 4cmだったタケノコが、今日はその3倍になりました。タケノコは何cmになりましたか。

この文章を図に表して答えを求めよう

① 「もとにする量」の図と数値をかく。
② 矢印と「倍」をかく。矢印はおおよその傾斜でよい。
③ 「比べられる量」の図と数値（わからない場合は□）をかく。

昨日のタケノコから
今日のタケノコを見ると3倍

昨日のタケノコ の	3倍	は	今日のタケノコ
もとにする量	×	倍	=	比べられる量
4	×	3	=	12

12cm

1 「比べられる量」を求める

問題 昨日 5cmだったタケノコが今日はその3倍になりました。タケノコは何cmになりましたか。

5 × 3(倍) = □
15cm

2 「倍」を求める

問題 体重が2kgだった子犬が、半年後4kgになりました。体重は何倍になりましたか。

2 × □(倍) = 4
□ = 4 ÷ 2
□ = 2   2倍

3 「もとにする量」を求める

問題 ゆうとさんの体重は32kgで、弟の体重の4倍です。弟の体重は何kgですか。

□ × 4(倍) = 32
□ = 32 ÷ 4
□ = 8   8kg

1～3のどの問題も、にらめっこ図のとおりに
もとにする量 × 倍 = 比べられる量
の式にあてはめてから計算しているよ。

【企画・編集】

原田 善造　　わかる喜び学ぶ楽しさを創造する教育研究所　著作研究責任者

新川 雄也　　元愛媛県公立小学校教諭

【ICT 欄執筆】

安野 雄一　　関西大学初等部教諭　　　　　　　　　　※ 2024 年 3 月現在

旧版『喜楽研の DVD つき授業シリーズ 新版 全授業の板書例と展開がわかる
　　　DVD からすぐ使える　映像で見せられる　まるごと授業算数 4 年』（2020 年刊）

【監修者・著者】

石原 清貴　板垣 賢二　市川 良　新川 雄也　原田 善造　福田 純一　和気 政司

【授業動画】　　　　　　　　　　　　**【撮影協力】**

石原 清貴　板垣 賢二　　　　　　　　　　井本 彰

【発行にあたりご指導・ご助言を頂いた先生】

大谷 陽子

※ QR コードは，株式会社デンソーウェーブの登録商標です。

(喜楽研の QR コードつき授業シリーズ)

改訂新版　板書と授業展開がよくわかる

まるごと授業　算数　4 年（上）

2024 年 3 月 15 日　　第 1 刷発行

企画・編集：原田 善造　新川 雄也（他 5 名）
編　　　集：わかる喜び学ぶ楽しさを創造する教育研究所　編集部

発　行　者：岸本 なおこ
発　行　所：喜楽研（わかる喜び学ぶ楽しさを創造する教育研究所：略称）
　　　　　　〒 604-0854　京都府京都市中京区二条通東洞院西入仁王門町 26 - 1
　　　　　　TEL 075-213-7701　FAX 075-213-7706
　　　　　　HP　https://www.kirakuken.co.jp
印　　　刷：株式会社イチダ写真製版

ISBN：978-4-86277-456-9　　　　　　　　　　　　　　　　Printed in Japan